もくじ・学習の記録

入試までの勉強法

【合格へのステップ】

3月

- 1・2年の復習
- 苦手教科の克服

苦手を見つけて早めに克服していこう！ 国・数・英の復習を中心にしよう。

7月

- 3年夏までの内容の復習
- 応用問題にチャレンジ

夏休み中は1・2年の復習に加えて，3年夏までの内容をおさらいしよう。社・理の復習も必須だ。得意教科は応用問題にもチャレンジしよう！

9月

- 過去問にチャレンジ
- 秋以降の学習の復習

いよいよ過去問に取り組もう！できなかった問題は解説を読み，できるまでやりこもう。

12月

- 基礎内容に抜けがないかチェック！
- 過去問にチャレンジ
- 秋以降の学習の復習

基礎内容を確実にすることは，入試本番で点数を落とさないために大事だよ。

本番！

【本書の使い方と特長】

はじめに
苦手な内容を早いうちに把握して，計画的に勉強していくことが，
入試対策の重要なポイントになります。
本書は必ずおさえておくべき内容を1回4ページ・15回で学習できます。

ステップ1
基本事項を確認しよう。
自分の得意・不得意な内容を把握しよう。

ステップ2
制限時間と配点がある演習問題で，ステップ1の内容が身についたか確認しよう。
🆙 の問題もできると更に得点アップ！

高校入試 実戦テスト
実際の公立高校の入試問題で力試しをしよう。
制限時間と配点を意識しよう。

> わからない問題に時間を
> かけすぎずに，解答と解
> 説を読んで理解して，も
> う一度復習しよう。

別冊解答
解説で解き方のポイントなどを確認しよう。
🔗入試につながる で入試の傾向や対策，
得点アップのアドバイスも確認しよう。

解き方 動画
わからない問題があるときや，もっとくわしく知りたいときは
無料の解き方動画を見ながら学習しよう。

▶ 動画の視聴方法
> 対応 OS：iOS 12.0 以上（iPad, iPhone, iPod touch 対応）／ Android 6.0 以上

① App Store や Google Play で
「スマレク ebook」と検索し，
専用アプリ「スマレク ebook」を
インストールしてください。

② 「スマレク ebook」で専用のカメラを起動し，紙面にかざすと
解き方動画が再生されます。

[AR カメラ] をタップ
してカメラを起動します。

カメラを紙面に
かざします。

解き方動画が再生されます。
※画像は数学の動画授業です。

※動画の視聴には別途通信料が必要となりますので，ご注意ください。

第 **1** 回 ステップ **1** → **主語と動詞**

月 / 日

解答 別冊 p.2〜3

---

① 英文の基本は主語と動詞！

・英語の文は，主語(S)「〜は，〜が」に動詞(V)「〜である，〜する」を続けるのが基本的な語順！

I run every morning. （私は毎朝走ります。）
　S　V　　　時を表す語句

② be 動詞は大きく2つの意味を表す！

❶「〜である」：主語を説明する

・be 動詞は主語と補語(C)を「＝（イコール）」でつなぐ。

My mother is a doctor. （私の母は医者です。）
　　S　　　V　C(補語)　　　→ my mother ＝ a doctor の関係

 ＝

❷「(…に)いる，(…に)ある」：場所や存在などを表す

The students are in the gym now. （生徒たちは今，体育館にいます。）

③ 一般動詞は動作や状態を表す！

❶ 主語の動作を表す動詞：eat, go, play, write, make など

We eat breakfast every day. （私たちは毎日朝食を食べます。）
　S　V　　O(目的語「〜を」)

❷ 主語の状態を表す動詞：know, like, live, hear, see など

Do you know this singer? （この歌手を知っていますか。）

→ 一般動詞の疑問文は〈Do[Does, Did] ＋主語＋動詞の原形〜 ?〉の語順。

④ 現在形には「今」を中心にした時間の幅がある！

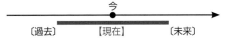

❶ 現在形は習慣的な動作や状態を表す！

I don't drink coffee. （私はコーヒーを飲みません。）

→「コーヒーを飲む習慣がない」という意味を表す。

❷ 主語が三人称単数のとき，一般動詞の語尾に -(e)s をつける！

Aya speaks English well. （亜弥はじょうずに英語を話します。）

---

①英文の主語(S)はいつも文頭にくるとは限らない。

例 In the U.K., people enjoy tea.
　　　　　　　　S
　　V

（イギリスでは，人々は紅茶を楽しみます。）

② be 動詞の疑問文は〈be 動詞＋主語〜 ?〉の語順。

例 Are you from Canada?（あなたはカナダ出身ですか。）

・be 動詞の否定文は〈be 動詞＋ not〉の語順。

例 This movie is not scary.（この映画は怖くありません。）

● be 動詞の過去形
is, am → was
are → were

●〈be 動詞 +not〉の短縮形
are not → aren't
is not → isn't
were not → weren't
was not → wasn't

③一般動詞のあとには必ずしも目的語(「…を」)が続くとは限らない。

例 I go to school by bus.
　 S　V　場所を表す語句

（私はバスで学校に行きます。）

・一般動詞の否定文は〈主語＋ do[does, did] not＋動詞の原形〜 .〉の語順。

例 Jim does not play tennis.

（ジムはテニスをしません。）

●否定文で使われる短縮形
do not → don't
does not → doesn't
did not → didn't

❶英文の基本〈SV〉 [　　]内の語(句)を文中の適切な位置に入れなさい。

(1) ＿＿＿＿＿＿ ＿＿＿＿＿＿ in New York. [live, I]

(2) Sometimes ＿＿＿＿＿＿＿ ＿＿＿＿＿＿＿ at ten. [the store, opens]

(3) ＿＿＿＿＿ usually ＿＿＿＿＿ up early. [get, we]

❷be 動詞の文 (　　)内から適切な語(句)を選びなさい。

(1) Mr. Baker (am, is) a florist.

(2) (Am, Are) you a baseball fan? — No, I (am, are) not.

(3) Kate (not is, is not) thirteen years old.

(4) My parents (were, was) in the garden then.

❸一般動詞の文 日本語の意味を表すように, (　　)内の語(句)を並べかえなさい。

(1) (makes / Becky / dinner) for her family. (ベッキーは家族のために夕食を作ります。)

＿＿＿＿＿＿＿＿＿＿＿＿＿＿＿＿＿＿＿＿＿＿＿＿＿＿ for her family.

(2) (comic books / don't / I / read) so often. (私はあまりよくマンガを読みません。)

＿＿＿＿＿＿＿＿＿＿＿＿＿＿＿＿＿＿＿＿＿＿＿＿＿ so often.

(3) (do / practice / the piano / you) every day? (あなたは毎日ピアノを練習しますか。)

＿＿＿＿＿＿＿＿＿＿＿＿＿＿＿＿＿＿＿＿＿＿＿＿ every day?

(4) (come / does / home / your father) late? — No, (he / not / does).

(あなたのお父さんは遅く家に帰ってきますか。 — いいえ, 彼は遅く帰ってきません。)

＿＿＿＿＿＿＿＿＿＿＿＿＿＿＿＿＿＿ late? —— No, ＿＿＿＿＿＿＿＿.

❹主語の人称・数と動詞の活用形 (1)(2)は(　)内から適切な語を選びなさい。(3)(4)は[　　]内の語を適切な形にかえて＿＿に入れなさい。

(1) I (listen, listens) to English songs in my free time.

(2) My brother (clean, cleans) his room on Sundays.

(3) Ted ＿＿＿＿＿ math last night. [study]

(4) People ＿＿＿＿＿ a good time yesterday. [have]

①速読チャレンジ

次の英文を1分以内に読んで, どんな内容か考えましょう。

Tetsuo is a junior high school student. / He lives in a city / in Saitama. / He is a member of a soccer club / in the city. / He loves soccer, / so he practices very hard. / His father is a soccer fan, too. / Sometimes / they go together / to the soccer stadium
スタジアム
in Urawa / and enjoy games.
(53語)

主語と動詞

1 (　　)内から適切な語を選びなさい。　　　　　　　　　　　　　　　（4点×5）

(1) Mary (are, is) hungry now.

(2) Takuya often (draw, draws) pictures.

(3) (Do, Does) you watch movies on your computer?

(4) I (don't, didn't) sleep well last night.

(5) What time (is, am) it now? — It's almost eight.

2 日本語の意味を表すように，＿＿に適切な語を入れなさい。　　　　　　（4点×4）

(1) 毎年多くの観光客が姫路城を訪れます。

Many tourists _____ Himeji Castle every year.

(2) 恵里は 11 時には寝ます。

Eri _____ to bed by eleven.

(3) スミス先生は眼鏡をかけています。

Mr. Smith _____ glasses.

(4) 私たちはときどきステージでダンスをします。

We sometimes _____ on the stage.

3 次の会話が成り立つように，＿＿に適切な語を入れなさい。　　　　　　（4点×3）

(1) *A:* _____ you like animals?

B: Yes, I _____. I have two dogs and a bird in my house.

(2) *A:* Excuse me. _____ the bookstore on the second floor?

B: No, it _____. _____ on the third floor, next to the toy store.

(3) *A:* _____ your students interested in <u>Paralympic</u> sports?
パラリンピックの

B: Yes, they _____. They always enjoy learning about them.

4 各文の英文①②の＿＿に共通する動詞を下の[　　]から選び，必要に応じて適切な形にかえて入れなさい。　　　　　　（5点×2）

(1) ① What do you usually _____ for lunch?

② Does this hotel _____ about 600 rooms?

(2) ① I _____ many pictures in the park yesterday.

② How long does it _____ from here to the station?

[know　say　take　be　make　have　buy]

5 日本語の意味を表すように，（　　）内の語(句)を並べかえなさい。(不要な１語あり)

(1) 何人かの生徒はその質問に素早く答えました。 (6点×3)

(to / the question / some / answered / students) quickly.

_____ quickly.

(2) 私の姉は料理がじょうずです。

(cook / cooks / is / good / my sister / a).

_____ .

(3) 今朝は雨が降っていました。

(was / rained / it / this / rainy) morning.

_____ morning.

6 (1)は（　　）内の語を使って日本語を英語に直しなさい。必要ならば形を変えること。(2)は日本語の表す状況であなたならどのように言うかを，（　　）内の語を使って英語で書きなさい。

(6点×2)

(1) 健は家でお父さんの手伝いをします。（ help, at ）

_____

(2) 相手に今日の曜日をたずねられたとき。（ it ）

_____

入試につながる

7 中学生の早紀が書いた次の英文を読んで，あとの問いに答えなさい。 (6点×2) 〔静岡県改題〕

On the first day after the summer vacation, our class had a new student, Keiko. She (stand) in front of us and said, "Hello, my name is Keiko. Nice to meet you." Everyone in our class gave a warm applause to Keiko. Then, she sat next to me.
拍手

In the short break, I found that Keiko and I had the same towel. So, my towel gave me a
休憩   タオル
chance to speak to her. I said to her, "Look at my towel!" Keiko said, "Wow, the character on
キャラクター
our towels is my favorite!" Then, [_____] and both of us talked a lot together. When the break finished, I felt we were becoming friends. I thought, "I want to know more about Keiko."

(1) （　　）の中の語を適切な形に直しなさい。 _____

(2) 本文中の[_____]の中に補う英語として，次のア～エの中から最も適切なものを１つ選び，記号を○で囲みなさい。

ア I didn't listen to Keiko

イ Keiko finished talking with me

ウ I asked Keiko about many things

エ Keiko didn't spend the break with me

ヒント **7** (2)文中の空所の前後にヒントが隠れているので，そこに注目しよう。

第 **2** 回 ステップ **1**

英文の構造

月 / 日

解答 別冊 p.4〜5

① 〈主語＋動詞〉の文／補語が必要な文／目的語が１つ必要な文

	主語(S)	動詞(V)	目的語(O)	補語(C)
①〈SV〉の文	The party	began.		
→主に主語と動詞で成り立っている文				（パーティーが始まりました。）
②〈SVC〉の文	Paul	is		hungry.
→主語(Paul)＝補語(hungry)の関係				（ポールはお腹が空いています。）
③〈SVO〉の文	My aunt	likes	*rakugo.*	
→動詞のあとに目的語が続く文				（私のおばは落語が好きです。）

② 目的語が２つ必要な文／目的語と補語が必要な文

	主語(S)	動詞(V)	目的語(O)	目的語(O)	補語(C)
①〈SVOO〉の文	Tom	gave	me	a CD.	
→「〜に…をする」という意味を表す。「(人)に(もの)を」の語順に注意。					（トムは私にCDをくれました。）
②〈SVOC〉の文	We	call	Robert		Bob.
→目的語(Robert)＝補語(Bob)の関係					（私たちはロバートをボブと呼びます。）

③ 〈SVO + to[for] ＋〈人〉〉 ／命令文／ There is[are] 〜 .

①「〜に…をする」の意味を表す文は２つの文の形で言い表せる！

Becky showed me her room.　　〈SVOO〉

（ベッキーは私に部屋を見せてくれました。）

Becky showed her room to me.　〈SVO＋to[for]＋〈人〉〉

②命令文の動詞は原形！

Wash your hands first.　　（まずは手を洗いなさい。）

Don't take pictures here.　（ここで写真を撮ってはいけません。）

③〈There is[are] 〜（＋場所を表す語句）.〉で「（場所に）〜があります[います]」という意味を表す！

There are two cafes on Green Street.

→ two cafes に合わせて be 動詞は are。

（グリーン通りにはカフェが２つあります。）

①①動詞のあとには時や場所を表す語句が続くことが多い。

例 I live in Osaka.

（私は大阪に住んでいます。）

②〈SVC〉の文でbe動詞以外によく使われる動詞

look（〜のように見える）

get（〜になる）

sound（〜に聞こえる）

feel（〜と感じる）　など

例 This bag looks good.

（このかばんはすてきに見えます。）

②①〈SVOO〉の文でよく使われる動詞

send（〜に…を送る）

show（〜に…を見せる）

buy（〜に…を買う）

make（〜に…を作る）　など

例 I'll make you tea.

（紅茶をいれましょう。）

②〈SVOC〉の文でよく使われる動詞

name（〜を…と名づける）

keep（〜をずっと…に保つ）

make（〜を…の状態にする）

例 I named the dog Buddy.（私はそのイヌをバディと名づけました。）

③① to と for の使い分け

・to を使う動詞…give, send, tell, teach など

・for を使う動詞…buy, make, cook, get など

②be動詞の命令文はふつう〈Be＋形容詞〜 .〉の形。

例 Be nice to your friends.

（友達には親切にしなさい。）

8

❶ SV・SVC・SVO 日本語の意味を表すように，____ に適切な語を入れなさい。

(1)　This restaurant _____ at eleven thirty.（このレストランは 11 時半に閉店します。）

(2)　Beth and Tom _____ from Canada.（ベスとトムはカナダ出身です。）

(3)　Why does Naoki _____ sad?（なぜ直樹は悲しそうに見えるのですか。）

(4)　I'm going to _____ my grandparents this week.（私は今週祖父母を訪ねる予定です。）

(5)　Takuya _____ a new pencil case yesterday.（拓也は昨日新しいペンケースを買いました。）

❷ SVOO・SVOC の文 日本語の意味を表すように，（　　）内の語(句)を並べかえなさい。

(1)　Ryo (an e-mail / Ben / sent) last night.（亮は昨夜ベンに E メールを送りました。）

Ryo _____ last night.

(2)　Could you (me / the way / to / tell) the station?（私に駅に行く道を教えてくれませんか。）

Could you _____ the station?

(3)　(wants / drink / Lisa / to) orange juice.（リサはオレンジジュースを飲みたがっています。）

_____ orange juice.

(4)　Meg (her brother / calls / Mike).（メグは弟をマイクと呼びます。）

Meg _____.

(5)　The song (him / happy / made).（その歌は彼を幸せな気持ちにしました。）

The song _____.

❸ 〈SVO + to[for] + (人)〉・命令文・There is[are] ～. (1)～(3)は（　　）内から適切な語を選びなさい。(4)(5)は日本語の意味を表すように，（　　）内の語(句)を並べかえなさい。

(1)　My grandfather gave his old watch (to, for) me.

(2)　I made dinner (to, for) my family last weekend.

(3)　(Puts / Put) the box on the table, Hiroki.

(4)　(students / are / thirty / there) in my class.（私のクラスには 30 人の生徒がいます。）

_____ in my class.

(5)　(are / good books / there / any) for children?（子ども向けのよい本はありますか。）

_____ for children?

⏱ 速読チャレンジ

次の英文を 1 分以内に読んで，どんな内容か考えましょう。

　　There is a <u>museum</u> / in my hometown. / It's a ten-minute walk / from my house to
　　　　　美術館
the museum. / I often visit it / with my friends. / The museum has a nice shop in it, /
and we can buy some <u>original</u> <u>goods</u> / such as <u>postcards</u> / there. / I love art, / so I
　　　　　　　　　オリジナル　商品　　　　　　　　　はがき
feel happy / in the museum.　　　　　　　　　　　　　　　　　　　　　　（53 語）

英文の構造

1 （　　）内から適切な語を選び，記号を○で囲みなさい。　　　　　　　　　　　　（3点×5）

(1) Maki（ア sees　　イ watches　　ウ looks）sleepy.

(2) Those presents（ア made　　イ were　　ウ sounded）the children happy.

(3) I'm going to（ア tell　　イ send　　ウ use）him a letter today.

(4) What time did you（ア arrive　　イ go　　ウ come）at the airport?

(5) Who（ア had　　イ named　　ウ took）your dog Max?

2 次の会話が成り立つように，＿＿に適切な語を入れなさい。　　　　　　　　　　　（3点×3）

(1) *A*: Your bag is cool. Where did you buy it?

　　 B: I didn't buy it. My grandfather made ＿＿＿＿＿ ＿＿＿＿＿ me last year.

(2) *A*: I'll go fishing with my father today.

　　 B: That ＿＿＿＿＿ like fun. But ＿＿＿＿＿ careful of the strong wind in the afternoon.

(3) *A*: Excuse me. Is ＿＿＿＿＿ a convenience store near here?

　　 B: Well, you have one near the station. It'll ＿＿＿＿＿ twenty minutes from here.

3 日本語の意味を表すように，＿＿に適切な語を入れなさい。　　　　　　　　　　　（4点×5）

(1) このジュースはあまりおいしくありません。

　　 This juice ＿＿＿＿＿ not ＿＿＿＿＿ very good.

(2) 私は最善を尽くします。

　　 I'll ＿＿＿＿＿ my ＿＿＿＿＿.

(3) マイクはいとこにバースデーカードを送りました。

　　 Mike ＿＿＿＿＿ a birthday card ＿＿＿＿＿ his cousin.

(4) あなたの友達はあなたを何と呼びますか。

　　 What do your friends ＿＿＿＿＿ ＿＿＿＿＿?

(5) そんなに怒らないで。

　　 ＿＿＿＿＿ ＿＿＿＿＿ so angry.

4 各文の英文がほぼ同じ意味になるように，＿＿に適切な語を入れなさい。　　　　　（4点×3）

(1) I was surprised when I read this article.

　　 This article ＿＿＿＿＿ ＿＿＿＿＿ surprised.

(2) Mr. Smith is our English teacher.

　　 Mr. Smith ＿＿＿＿＿ ＿＿＿＿＿ English.

(3) Lucy is a good tennis player.

　　 Lucy ＿＿＿＿＿ ＿＿＿＿＿ well.

5 日本語の意味を表すように，(　　)内の語(句)を並べかえなさい。(不要な１語あり) (5点×4)

(1) あなたのノートを見せてくれませんか。

Can (me / show / for / your notebook / you)?

Can _____?

(2) ブラウン先生は私たちにイヌについての興味深い話をしてくれました。

Ms. Brown (about / us / an interesting story / told / speak / dogs).

Ms. Brown _____.

(3) この図書館には何冊の本がありますか。

(in / there / are / many / books / this / how / library / has)?

_____?

(4) 夕食の前に食べ過ぎてはいけません。

(eat / too / must / before / not / dinner / do / much).

_____.

6 (1)(2)は(　　)内の語を使って日本語を英語に直しなさい。(3)(4)は日本語の表す状況であなたなら どのように言うかを，(　　)内の語を使って英語で書きなさい。(　　)内の語は必要ならば 形を変えること。 (5点×4)

(1) 健の祖母はネコを３匹飼っています。 (have)

_____

(2) 私の英語はよくなってきています。 (get, better)

_____

(3) プレゼンテーションで，聞き手に１枚の写真を見てほしいとき。 (please, at)

_____

(4) 落ち込んでいる友達に，何が起きたのかをたずねるとき。 (happen)

_____

入試につながる

7 次の英文を読んで，あとの問いに答えなさい。 (4点) 〔愛媛県改題〕

My father and mother like reading books. There have been many kinds of books in my house since I was a small child. When I went to bed, my father usually came to my room with me and read a picture book to me. I began to read books when I was about four years old. After I read a book, I liked talking about the story with my mother. She always listened to me and said in a kind voice, "How did you feel after you read that story?" or "What do you think about that story?" I (A) more interested in reading because of that.

(1) 本文中の(A)に入る英語として最も適当なものを，次の中から選び，正しい形の１語に直して 書きなさい。

become	call	choose	look	save	teach	throw

名詞・代名詞・冠詞

① 「数えられる名詞」と「数えられない名詞」がある！

1 数えられる名詞（可算名詞）

・単数形には a[an] をつける！

・複数形は語尾に -s または -es をつける！

　a pencil － pencils （鉛筆）, a box － boxes （箱）,

　an apple － apples （リンゴ）, an hour － hours （時間）

　　　　　　　→発音が母音で始まる語の前には an

・不規則に変化するものもある！

　child － children （子ども）, foot － feet （足）

2 数えられない名詞（不可算名詞）…決まった形がない

・a[an] をつけず，原則複数形にもしない！

　water （水）, air （空気）, advice （助言）, France （フランス）

feet

② 代名詞は「名詞の代わり」！

1 人称代名詞は，文中での働きによって形がかわる！

He thinks his dog likes him. （彼は彼のイヌが彼を好きだと思っています。）

2 前に出てきたものや事柄を指す代名詞

> **I lost my watch!** （時計をなくしました！）

When did you lose it? （いつそれをなくしたのですか。）
→ it は前に出てきたものを受けて，「それ」の意味を表す。

Do you want a new one? （新しいのがほしいですか。）
→ one は前に出てきたものと種類が同じで別のものを指す。

That's too bad. （お気の毒に。）
→ it，this，that は前の文の一部または全体を指すことがある。

③ 名詞につく冠詞 a[an] と the のちがいに注意！

1 a[an] は「不特定の1つのもの」につける！

　a tall tree （高い木）　→〈a[an] ＋形容詞＋名詞〉の語順

2 the は「特定のもの」につける！

　Tom has a nice pen. He always uses the pen.

（トムはすてきなペンを持っています。彼はいつもそのペンを使います。）

---

①② **数えられない名詞は「容器」「形状」などを表す語を使って数えることができる。**
a cup of tea（紅茶1杯）
a glass of milk（牛乳1杯）
two cups of tea（紅茶2杯）
another glass of water（水をもう1杯）

②① **「〜の」－「〜のもの」を表す人称代名詞**
my — mine（私のもの）
our — ours（私たちのもの）
your — yours
（あなた（たち）のもの） など
①〈名詞＋'s〉で「〜の，〜のもの」を表す。
例 my sister's
（妹の，妹のもの）
☆**指示代名詞**
単数形：This[That] is my car.（これは[あれは]私の車です。）
複数形：These[Those] are hats.（これらは[あれらは]帽子です。）
☆**不特定の人やものを表す代名詞**
something, anything, someone, anyone など
例 Is anyone here?（だれかいらっしゃいませんか。）

③① a や an は「〜につき」の意味を表すことがある。
例 once a week（週に1回）
☆〈by ＋交通手段を表す名詞〉では冠詞をつけない。
例 I go to school by bus.（私はバスで学校に行きます。）

❶ 名詞の単数と複数 ［　　］内の語を適切な形にかえて＿＿に入れなさい。かえる必要がない場合はそのまま入れなさい。

(1) Lisa has two ＿＿＿＿＿＿＿. [brother]

(2) Aya got a ＿＿＿＿＿＿ from her grandmother. [letter]

(3) Mr. Brown gave us a lot of ＿＿＿＿＿＿ yesterday. [homework]

(4) Brush your ＿＿＿＿＿＿ after dinner. [tooth]

❷ 代名詞 (1)～(3)は (　　) 内から適切な語を選びなさい。(4)(5)は日本語の意味を表すように，＿＿に適切な語を入れなさい。

(1) I'll come to (your, yours) house at eight.

(2) (These, This) is your new teacher, Ms. Suzuki.

(3) (Anyone, Someone) called me last night.

(4) Which is your bag? — That small ＿＿＿＿＿＿ is.
（どれがあなたのかばんですか。— あの小さいのです。）

(5) Whose notebook is this? — It's ＿＿＿＿＿＿. （これはだれのノートですか。— ケンのです。）

❸ 冠詞 次の文の＿＿に a，an，the のいずれかを入れなさい。いずれも必要のない場合は×を入れなさい。

(1) My brother is playing ＿＿＿＿＿＿ piano with Paul.

(2) There is ＿＿＿＿＿＿ nice cafe around the corner.

(3) Tom has two cats and ＿＿＿＿＿＿ bird.

(4) Why did you come to school by ＿＿＿＿＿＿ bus today?

(5) Please close ＿＿＿＿＿＿ door over there.

❹ 名詞・代名詞・冠詞 日本語の意味を表すように，(　　) 内の語を並べかえなさい。

(1) (a / go / we / twice / swimming) week. （私たちは週に2回泳ぎに行きます。）

＿＿＿＿＿＿＿＿＿＿＿＿＿＿＿＿＿＿＿＿＿＿＿＿＿＿＿＿＿＿＿ week.

(2) (doing / about / for / how / something) children? （子どもたちのために何かをしませんか。）

＿＿＿＿＿＿＿＿＿＿＿＿＿＿＿＿＿＿＿＿＿＿＿＿＿ children?

⏱ ❶ 速読チャレンジ

次の英文を1分以内に読んで，どんな内容か考えましょう。

The Internet is very useful / in our daily lives. / For example, / we can find a lot of healthy recipes / on the Internet. / Some of them / will give us hints for our diet. /
健康的な　　レシピ, 調理法　　　　　　　　　　　　　　　　　　　　　　　ヒント　　　　　　食事
The Internet will help our study, too. / We can use / online maps, guidebooks and
　　　　　　　　　　　　　　　　　　　　　　　　　　　　　　　オンラインの　　　　　ガイドブック
dictionaries. / Many of these services are free of charge, / so we don't have to pay
辞書　　　　　　　　　　　　　　　　　　　　　　無料で　　　　　　　　　　　　　　　　～を払う
any money / for them.
(65語)

1 （　　）内から適切な語を選びなさい。　　　　　　　　　　　　　（2点×5）

(1) Ms. Smith has three (child, children).

(2) My room has two big (window, windows).

(3) (That, Those) are my cousins, Nana and Alex.

(4) I want another (cup, a cup) of coffee.

(5) There is (the, a) museum near the station.

2 日本語の意味を表すように，＿＿＿に適切な語を入れなさい。　　　　（3点×4）

(1) これはだれのラケットですか。— それは私のものです。

Whose racket is ＿＿＿＿＿？— It's ＿＿＿＿＿.

(2) 田中先生は美術の先生です。

Ms. Tanaka is ＿＿＿＿＿ art ＿＿＿＿＿.

(3) 私の弟は毎日コップ2杯の牛乳を飲みます。

My brother drinks ＿＿＿＿＿ glasses of ＿＿＿＿＿ every day.

(4) これらについて何か知っていますか。

Do you know ＿＿＿＿＿ about ＿＿＿＿＿？

3 （　　）内の語を適切な形にかえなさい。　　　　　　　　　　　　（4点×4）

(1) My brother called (I) last night. He is doing well in Australia.　＿＿＿＿＿

(2) I got an e-mail from Cathy yesterday. I'll write (she) back soon.　＿＿＿＿＿

(3) Maybe this <u>bookmark</u> is (you).　＿＿＿＿＿
　　　　　　　しおり

(4) Lucy came to (we) school last year. She's from the U.K.　＿＿＿＿＿

4 次の会話が成り立つように，（　　）内から適切な語を選びなさい。　（5点×4）

(1) *A:* How about this T-shirt? Do you like (it, one)?

B: Well, I don't like the color. Can you show me a different (it, one)?

(2) *A:* How do you go to (the school, school)?

B: I go by (train, the train).

(3) *A:* (Everyone, Someone) can get a drink <u>for free</u> at the party.
　　　　　　　　　　　　　　　　　　　　　　　無料で

B: (This, That) is great! Let's get something.

(4) *A:* I want to be an astronaut and see (an, the) earth someday.

B: What (a, the) wonderful dream! You can do it!

5 日本語の意味を表すように，（　　）内の語を並べかえなさい。（不要な1語あり）

(1) 私たちは1日に授業が6時間あります。 (6点×3)

(have / day / classes / we / a / six / there).

_____.

(2) この周辺の家はすべて新しいです。

(are / the / of / around / new / each / houses / here / all).

_____.

(3) デザートにパイを1切れいかがですか。

(for / like / pie / you / of / a / piece / would) for dessert?

_____ for dessert?

6 (1)は日本語を英語に直しなさい。(2)(3)は日本語の表す状況であなたならどのように言うかを，（　　）内の語を使って英語で書きなさい。必要ならば形を変えること。

(6点×3)

(1) あちらは私の弟です。

_____

(2) 先週は風邪を引いていたことを相手に伝えるとき。（ have ）

_____

(3) 先生に何か質問したいとき。（ something ）

_____

🔗**入試につながる**

7 次の英文を読んで，あとの問いに答えなさい。 (6点)〔東京都改題〕

　　Misa was a first-year high school student. One day in October, some high school students from Australia came to Misa's school. They were interested in Japanese culture and in studying Japanese. Ellen, one of them, stayed with Misa's family. Misa was very happy because it was a good chance to speak English. On the first day of school, Misa explained everything to Ellen in English. Ellen said, "Thank you, Misa. You always help me a lot." <u>Misa was very glad to hear that.</u>

(1) <u>Misa was very glad to hear that.</u> の内容を，次のように書き表すとすれば，□□□□の中に，下のどれを入れるのがよいか。記号を○で囲みなさい。

　Misa was very glad because □□□□□□.

ア　she could talk with Ellen in English, and it was a good chance to speak English

イ　Ellen, one of the high school students from Australia, came to her school

ウ　Ellen was interested in Japanese culture and studying Japanese

エ　she could help Ellen a lot in English at school

形容詞・副詞

解答 別冊 p.8〜9

① 形容詞の働きと語順

① 形容詞は「名詞の前」,「be 動詞のあと」に置く！

a) 名詞の前に置いて, その名詞について説明する！

b) be 動詞のあとに置いて, 主語について説明する！

This is a famous **castle.** (これは有名な城です。)

≒ **This** castle **is famous.** (この城は有名です。)

→ 形容詞の使い方が違うだけで, 表す意味はほぼ同じ。

② 数量を表す形容詞

i) some 「いくつかの, いくらかの」 →ばく然とした数量を表す。

My sister drinks some **milk every morning.**

(妹は毎朝牛乳を飲みます。) ►日本語には訳さないことがよくある。

ii) 形容詞の使い分け：「多い」を表す形容詞

many 「(数が)多くの」	much 「(量が)多くの」	a lot of 「(数・量が)多くの」
many books	much money	a lot of homework

② 副詞の働きと語順

① 副詞は動詞に情報を付け加える！

Kate sings well. (ケイトはじょうずに歌います。)

→「じょうずに」という情報を付け加えている。

② 形容詞や別の副詞に情報を付け加える副詞もある！

Her cake was really good**.** (彼女のケーキは本当においしかったです。)

This car runs very fast**.** (この車はとても速く走ります。)

③ 頻度を表す副詞の位置は「一般動詞の前」や「be 動詞のあと」など！

My father usually **comes home late. He is** always **busy.**

(私の父はたいてい遅くに帰宅します。彼はいつも忙しいです。)

④ 2語以上で副詞の働きをするものもある！

Tom stayed up **late at night.** (トムは夜遅くまで起きていました。)

---

①① a) 形容詞と同じ働きをする2語以上からなる語句は, 名詞のあとに置く。

例 a hotel in front of the station (駅前のホテル)

☆〈something +形容詞〉 [anything]
=「何か〜なもの」

例 I want to eat something hot.

(私は何かあたたかいものが食べたい。)

② i) 疑問文・否定文の中ではふつう any を使う。

例 I don't have any money with me now.

(私は今お金をまったく持っていません。)

ii) 形容詞の使い分け：「少ない」を表す形容詞

a few 「(数が)少ない」	a little 「(量が)少ない」
people, books, pens など	water, money, milk など

● a のない few と little はそれぞれ数, 量が「ほとんど〜ない」という意味。

● a little は副詞として「少し, 少々」の意味でも用いる。

②頻度を表す副詞

always (いつも)
usually (たいてい)
often (よく)
sometimes (ときどき)
never (決して〜ない)

❶形容詞① 日本語の意味を表すように，＿＿に適切な語を入れなさい。

(1) I bought a ＿＿＿＿＿ computer. （私は新しいコンピュータを買いました。）

(2) The sea looks ＿＿＿＿＿. （海が美しく見えます。）

(3) It'll be ＿＿＿＿＿ tomorrow afternoon. （明日の午後は雨が降ります。）

(4) Mari has ＿＿＿＿＿ friends in Tokyo. （真里は東京にたくさんの友達がいます。）

(5) The dinner was too ＿＿＿＿＿ for me. （夕食は私には多すぎました。）

(6) My mother put ＿＿＿＿＿ salt into the soup. （母はスープにいくらかの塩を入れました。）

❷形容詞② （　）内から適切な語(句)を選びなさい。

(1) You can get (many, a lot of) information on the Internet.

(2) There was (little, few) snow on the street.

(3) Ted got (much, many) apples from his grandparents.

(4) This drink doesn't have (any, a few) sugar in it.

(5) I know (a few, a little) songs of this singer.

(6) Would you like (some, many) coffee with your cake?

❸副詞 日本語の意味を表すように，（　）内の語(句)を並べかえなさい。

(1) Yuka (up / day / gets / early / every). （由佳は毎日早く起きます。）

Yuka ＿＿＿＿＿＿＿＿＿＿＿＿＿＿＿＿＿＿＿＿.

(2) This bookstore (at / sometimes / nine / opens). （この本屋はときどき9時に開店します。）

This bookstore ＿＿＿＿＿＿＿＿＿＿＿＿＿＿＿＿＿.

(3) Can (see / there / the birds / over / you)? （あちらの鳥が見えますか。）

Can ＿＿＿＿＿＿＿＿＿＿＿＿＿＿＿＿＿＿＿＿?

⏱速読チャレンジ

次の英文を1分以内に読んで，どんな内容か考えましょう。

Jane and Cathy are good friends / in the same town. / They often go to the movies together / on weekends. / Last Sunday, / they saw Ms. Hudson, / their old [以前の] history teacher, / in the theater. / After the movie was over, / Ms. Hudson invited Jane and Cathy / to dinner in a French restaurant. [フランス料理のレストラン] / The food was very good, / and they had a very good time [とても楽しい時を過ごした] / at the restaurant.

(64 語)

形容詞・副詞

1 （　　）内から適切な語(句)を選び，記号を〇で囲みなさい。　　　　　（3点×5）

(1) Takuya has （ ア many　　イ much　　ウ little ） CDs in his room.

(2) I like action movies very （ ア lot　　イ much　　ウ few ）.

(3) My father had （ ア another　　イ some　　ウ other ） cup of tea.

(4) Ami can （ ア fast swim　　イ swim fast　　ウ swims fast ）.

(5) This question looks （ ア few　　イ a few　　ウ a little ） difficult.

2 日本語の意味を表すように，＿＿に適切な語を入れなさい。　　　　　（4点×8）

(1) 私はよくスマートフォンで音楽を聞きます。

I _____ listen to music on my smartphone.

(2) この歌手は世界中で人気があります。

This singer is _____ around the world.

(3) 私たちは水を使いすぎるべきではないです。

We shouldn't use too _____ water.

(4) 私の兄はときどき自分で車を洗います。

_____ my brother washes his car by himself.

(5) 学校に遅刻しないようにね。

Don't be _____ for school.

(6) 私たちはあなたを決して忘れません。

We'll _____ forget you.

(7) ポールはその言葉をゆっくりと言いました。

Paul said the word _____.

(8) 何か質問がありますか。

Do you have _____ questions?

3 次の英文がほぼ同じ意味になるように，＿＿に適切な語を入れなさい。　（4点×3）

(1) They are fast swimmers.

They _____ _____.

(2) My brother is a good cook.

My brother can _____ _____.

(3) This watch is old.

This is _____ _____ _____.

4 日本語の意味を表すように，(　　)内の語(句)を並べかえなさい。(不要な1語あり)

(1) 昨年はどのくらいの雪が降りましたか。 　　　　　　　　　　　　　　　　　(5点×2)

How (last / much / many / have / year / did / snow / you)?

How _____ ?

(2) 数分内にあなたに電話をかけなおします。

(minutes / back / in / I'll / a little / a few / you / call).

_____ .

5 (1)(2)は(　　)内の語を使って日本語を英語に直しなさい。(3)(4)は日本語の表す状況であなたならどのように言うかを，(　　)内の語を使って英語で書きなさい。 　　　　　(6点×4)

(1) 私はいくつかよいレストランを知っています。(know, good)

_____

(2) 何か新しいことを始めましょう。(let's, start)

_____

(3) 相手に何かアイデアがあるかたずねるとき。(have, ideas)

_____

(4) 相手に普段週末は何をするかたずねるとき。(weekends)

_____

入試につながる

6 次の英文を読んで，あとの問いに答えなさい。 　　　((1)4点，(2)3点) 〔静岡県改題〕

Last fall, we had the chorus contest in our junior high school. I was the <u>leader</u> of the <u>alto</u>
リーダー　　　　　アルト
part.

The song of my class was ◻ A ◻, but my part <u>members</u> ◻ B ◻ it well quickly. I felt we
メンバー
were taking the first <u>step</u>, and this made me happy. Then, I wanted the singing voice of my
段階
part to be more <u>cheerful</u>. So, I always said to my part members, "Sing in a big voice!" We
元気のよい
sang in a bigger voice. I was glad to think our singing voice was (get) better. I thought I
was working well as a leader.

(1) 本文中の ◻ A ◻, ◻ B ◻ の中に補う英語の組み合わせとして，次のア〜エの中から最も適切
なものを1つ選び，記号を○で囲みなさい。

ア A：very easy 　　　　　 B：were able to sing

イ A：very easy 　　　　　 B：weren't able to sing

ウ A：really difficult 　　　 B：were able to sing

エ A：really difficult 　　　 B：weren't able to sing

(2) (　　　　　)の中の語を適切な形に直しなさい。

ヒント 6 (1)接続詞 but の前とあとでは，対立する事柄が述べられる。

接続詞・前置詞

① 接続詞の役割は「結ぶ」！

❶ and, or, but, so は対等の関係で語（句）や〈S+V〉を含むまとまりを結びつける！

	意味	例文
and	…と〜, …そして〜	I have two pens and two notebooks. （私はペン2本とノート2冊を持っています。）
or	…や〜, …かまたは〜	You can choose coffee or tea. （あなたはコーヒーか紅茶か選べます。）
but	しかし, けれども	I called Lisa, but she didn't answer. （リサに電話をしましたが, 彼女は出ませんでした。）
so	だから, それで	Tom felt tired, so he went home soon. → so 以下が「だから〜」の内容 （トムは疲れたので, すぐに家に帰りました。）

❷ when や that などは前後の内容を結びつける！

	意味	使い方
when	〜するとき	〈時〉
before	〜する前に	
after	〜したあとに	
because	〜だから	〈理由・根拠〉
if	もし〜ならば	〈条件〉
that	〜ということ	〈まとまった内容〉

I was listening to music when my sister talked to me.

（妹が私に話しかけてきたとき, 私は音楽を聞いていました。）

② 前置詞は「名詞の働きをする語（句）」の前に置かれる！

❶ 場所を表す前置詞：in, at, on, under, by, near など

There is something in the box.

（箱の中に何かあります。） ►名詞（句）

❷ 曜日や時を表す前置詞：on, in, at, before, after など

Lisa goes shopping on Sundays.

（リサは日曜日に買い物に行きます。）

❸ 方向を表す前置詞：to, for など

I'll send a letter to Jim.

（私はジムに手紙を送ります。）

①❶ 3つ以上のものを結ぶときは, 〈A, B(,) and C〉のように表す。

例 Mr. Brown visited Aomori, Akita (,) and Miyagi.

（ブラウンさんは青森, 秋田, 宮城を訪れました。）

★〈命令文, and S+V〉「〜しなさい, そうすれば…」

例 Study hard, and your dream will come true.

（一生懸命勉強しなさい, そうすれば夢がかなうでしょう。）

★〈命令文, or S+V〉「〜しなさい, さもないと…」

例 Put on your jacket, or you'll catch a cold.

（上着を着なさい, さもないと風邪を引きますよ。）

❷条件を表す if 〜の文では, 未来のことでも動詞は現在形。

例 Let's play tennis if it is sunny tomorrow. （明日晴れたらテニスをしましょう。）

②よく使われる前置詞

during	〜の間に
for	（期間）〜の間
since	〜以来
until	〜までずっと
with	〜とともに, 〜を使って
by	〜まで（には）（期限）
about	〜について
from	〜から
near	〜の近くに
without	〜なしに

❶ 接続詞①　次の文の＿＿＿に and，or，but，so のいずれかを入れなさい。

(1) My grandparents have a cat _____ two dogs.

(2) I forgot my camera, _____ I can't take any pictures today.

(3) Which would you like, chicken _____ fish?

(4) Tom had dinner ten minutes ago, _____ he looks hungry.

(5) Buy three apples, _____ you can get one for free.

(6) I saw a lot of stars last night, _____ I can't see them today.

❷ 接続詞②　(　)内から適切な語を選びなさい。

(1) (After, If) you have any questions, ask me <u>anytime</u>.
いつでも

(2) I was taking a bath (because, when) my brother came home.

(3) Paul thinks (that, before) this book is very interesting.

(4) We can eat lunch in the park (that, if) it is sunny tomorrow.

(5) I like Mt. Fuji (because, after) it looks very beautiful.

❸ 前置詞　日本語の意味を表すように，(　)内の語(句)を並べかえなさい。

(1) The train (two / leave / will / at). （その電車は2時発です。）

The train _____.

(2) What (for / do / those children / can / we)?

（私たちはその子どもたちのために何ができますか。）

What _____?

(3) I can (this map / there / go / without). （私はこの地図なしにそこへ行けます。）

I can _____.

(4) Lily (water / about / for / saving / the future / talked).

（リリーは将来のために水を節水することについて話しました。）

Lily _____.

❶ 速読チャレンジ

次の英文を1分以内に読んで，どんな内容か考えましょう。

　　One summer day, / Satoshi found an interesting <u>magazine</u> / at a bookstore. / Its
雑誌

<u>feature</u> <u>stories</u> were about <u>haunted places</u>. / Satoshi is interested in <u>ghosts</u>, / so he
特集　　記事　　　　　　　　　心霊スポット　　　　　　　　　　　　　　幽霊

bought the magazine. / In the magazine, / ten persons were talking about their

<u>mysterious experiences</u> / at old hotels, hospitals, and schools. / Satoshi <u>got</u> a little
不思議な体験　　　　　　　　　　　　　　　　　　　　　　　　　　　こわくなった

<u>scared</u> / after he read all of them.　　　　　　　　　　　　　　　　　(56 語)

第 5 回 ステップ 2

接続詞・前置詞

時 間 30 分　目標 70 点　得点　　点

解答 別冊 p.10～11

1　(　)内から適切な語を選び，記号を〇で囲みなさい。　　　　（3点×6）

(1) Nancy went to the store, (ア so イ but ウ or) she didn't buy anything.

(2) My mother likes to stay in Nagano (ア about イ by ウ during) summer.

(3) I hope (ア that イ and ウ after) you'll like my present.

(4) Go straight, (ア so イ and ウ but) turn right at the second traffic light.

(5) There are many beautiful trees (ア along イ without ウ from) the river.

(6) Mr. Brown put the picture (ア with イ in ウ on) the wall.

2　日本語の意味を表すように，_____に適切な語を入れなさい。　　　　（3点×8）

(1) 私は 2014 年に日本に来ました。

I came to Japan _____ 2014.

(2) この近くに郵便局はありますか。

Is there a post office _____ here?

(3) その知らせを聞いたとき，私は驚きました。

_____ I heard the news, I was surprised.

(4) 私たちは普段週末にはキャンプに行きます。

We usually go camping _____ weekends.

(5) あなたは毎日よく眠れていると思いますか。

Do you think _____ you sleep well every day?

(6) 食べる前に手を洗いなさい。

Wash your hands _____ you eat.

(7) 東京へはバスで行けますか。

Can we go to Tokyo _____ bus?

(8) ひと休みしなさい，さもないと疲れてしまいますよ。

Take a rest now, _____ you'll get tired.

3　次の英文の下線部の誤りを直しなさい。正しければ〇を，省略可または不要なら×を入れなさい。　　　　（4点×5）

(1) If you ① will be free tomorrow, let's go ② to shopping.　①_____ ②_____

(2) I don't think ① that I can do this ② without your help.　①_____ ②_____

(3) Lucy visited ① to us ② last winter.　①_____ ②_____

(4) Please send an e-mail ① with me ② in tomorrow.　①_____ ②_____

(5) We went ① to the stadium ② and watched a baseball game.　①_____ ②_____

22

4 日本語の意味を表すように，(　　)内の語(句)を並べかえなさい。(不要な1語あり)

(1) 駅の前に新しい図書館があります。 (5点×2)

(a new library / there / the station / in front of / behind / is).

_____.

(2) 色が好きではないので，私はこのTシャツを買いません。

(like / won't / because / this T-shirt / so / I / I / buy / don't) the color.

_____ the color.

5 (1)(2)は(　　)内の語を使って日本語を英語に直しなさい。(3)(4)は日本語の表す状況であなたならどのように言うかを，(　　)内の語を使って英語で書きなさい。 (6点×4)

(1) 私は毎日6時に起きます。(get up)

_____

(2) 空港に着いたら，昼食を食べましょう。(let's, arrive)

_____

(3) 相手に自分の出身地を伝えるとき。(am)

_____

(4) 相手に自分の好きな色を3つ伝えるとき。(like)

_____

入試につながる

6 次の英文は，高校生のミオ(Mio)が，父親の友人のジャクソンさん(Mr. Jackson)と話した内容について書いた文章です。これを読んで，あとの問いに答えなさい。(4点) 〔2019年度 青森県改題〕

Mr. Jackson is my father's friend. He stayed in my grandfather's house for six months when he was young. He became a doctor after he went back to his country and made a new medicine for eyes. He built a hospital, too. He loves Japan very much. So he visited Japan with his family last year and they stayed in our house for a week.

(1) 本文の内容と合うように，次の英語に続けるのに最も適切なものを，ア～エの中から一つ選び，記号を○で囲みなさい。

When Mr. Jackson came to Japan last year,

ア　he made a new medicine for eyes.

イ　he built a hospital.

ウ　his family was not together.

エ　he stayed in Mio's house for a week.

ヒント 6 登場人物がとった行動に注目しよう。

受け身

① 受け身の基本形は〈be 動詞＋過去分詞〉！

① 「受け身」は「動作を受ける側」にスポットライトがあたる！

Tom built this house.　　　This house was built by Tom.
　S　V　　　O　　　　　　　S　　　　　V　　動作主＝家を建てた人

（トムはこの家を建てました。）　　（この家はトムによって建てられました。）

② 受け身の疑問文・否定文は be 動詞を使った文と基本形は同じ！

Was this house built by Tom? 〈be 動詞＋主語＋過去分詞〜?〉の語順

（この家はトムによって建てられたのですか。）

This house was not[wasn't] built by Tom. 〈be 動詞＋ not ＋過去分詞〉

（この家はトムによって建てられたのではありません。）　　の語順

③ 動作主は省略されることもある！

English is spoken in the U.K. （イギリスでは英語が話されます。）

→言語を話すのは不特定多数の人々なので，by people や by them は不要。

② 受け身はいろいろな文の形で使われる！

① 〈SVOC〉の文の例

He calls the dog Molly. （彼はそのイヌをモリーと呼んでいます。）
　S　V　　O　　C（名詞）

→ **The dog is called Molly.** （そのイヌはモリーと呼ばれています。）

② 助動詞が含まれる文の例

This book can be read in a few hours. （この本は数時間で読めます。）

〈助動詞＋ be ＋過去分詞〉の語順

③ 受け身の慣用表現はここがポイント！

① by 以外の前置詞を使うことがある！

Cheese is made from milk. （チーズは牛乳から作られます。）

② 〈be 動詞＋過去分詞＋前置詞〉の形を連語として覚えよう！

I was surprised at the news. （私はその知らせに驚きました。）

▶ポイント
注意すべき過去分詞

made<make
read<read
written<write
given<give
taken<take
sent<send
spoken<speak

①③動作主が「一般の人々」や「不明」の場合も〈by ＋動作主〉を省略する。

例 This bridge was built in 1970.（この橋は 1970 年に造られました。）→だれが造ったかは分からない。

②〈SVOO〉の文の例
Ben sent me a box of apples.（ベンは私に 1 箱のリンゴを送りました。）
→ A box of apples was sent to me by Ben.（1 箱のリンゴがベンによって私に送られました。）

▶ポイント
受け身を使った慣用表現
I was born in November.（私は 11 月生まれです。）
The mountain is covered with snow.（その山は雪で覆われています。）
Her song is known to many people.（彼女の歌は多くの人々に知られています。）
This chair is made of wood.（このいすは木でできています。）

❶受け身の基本形 各組の英文がほぼ同じ意味になるように，＿＿に適切な語を入れなさい。

(1) Many people visit Kyoto every year.

Kyoto _____ _____ _____ many people every year.

(2) Lucy found the cat yesterday.

The cat _____ _____ _____ Lucy yesterday.

(3) Do they use these rooms every day?

_____ these rooms _____ _____ them every day?

(4) When did Ben take this picture?

When _____ this picture _____ _____ Ben?

(5) My grandmother didn't make this bag.

This bag _____ _____ _____ my grandmother.

(6) People speak Spanish in this country.

Spanish _____ _____ _____ this country.

❷いろいろな受け身 日本語の意味を表すように，（　　）内の語(句)を並べかえなさい。

(1) (called / my sister / is) Becky. (私の妹はベッキーと呼ばれています。)

_____ Becky.

(2) (sent / to / those letters / were) the children. (それらの手紙は子どもたちへ送られました。)

_____ the children.

(3) (can / this curry / cooked / be) without fire. (このカレーは火を使わずに調理できます。)

_____ without fire.

❸受け身の慣用表現 ＿＿に適切な前置詞を入れなさい。

(1) This area is covered _____ forests.

(2) Are you interested _____ Japanese culture?

(3) Yuri was surprised _____ her cousin's letter.

❶速読チャレンジ

次の英文を１分以内に読んで，どんな内容か考えましょう。

Last Sunday, / Miyuki went to the concert of her favorite rock band. / The concert
ロックバンド
hall was very crowded with young people. / The music was great, / and Miyuki
enjoyed the concert very much. / She usually listens to music on her stereo, / but
ステレオ
during the concert, / she felt the energy of live music. / She was moved by the
～に感動した
band's performance. (58 語)
演奏

受け身

1 （　）内を適切な形にかえなさい。 （3点×7）

(1) This book is （love）by many children. ＿＿＿＿＿＿

(2) Was this picture （paint）by a famous artist? ＿＿＿＿＿＿

(3) Her baby was （name）Emily. ＿＿＿＿＿＿

(4) When was this temple （build）? ＿＿＿＿＿＿

(5) My eraser was （find）under the desk. ＿＿＿＿＿＿

(6) This box can be （open）from here. ＿＿＿＿＿＿

(7) My car wasn't （wash）by my father. ＿＿＿＿＿＿

2 日本語の意味を表すように，＿＿＿＿に適切な語を入れなさい。 （4点×7）

(1) 私のコップは弟に割られてしまいました。

My cup ＿＿＿＿＿＿ ＿＿＿＿＿＿ ＿＿＿＿＿＿ my brother.

(2) この本はやさしい英語で書かれています。

This book ＿＿＿＿＿＿ ＿＿＿＿＿＿ ＿＿＿＿＿＿ simple English.

(3) 通りは雪で覆われていました。

The streets ＿＿＿＿＿＿ ＿＿＿＿＿＿ ＿＿＿＿＿＿ snow.

(4) インドでは何の言語が話されていますか。

＿＿＿＿＿＿ languages ＿＿＿＿＿＿ ＿＿＿＿＿＿ in India?

(5) ヨーグルトは牛乳から作られます。

Yogurt ＿＿＿＿＿＿ ＿＿＿＿＿＿ ＿＿＿＿＿＿ milk.

(6) この問題は簡単に答えられます。

This question ＿＿＿＿＿＿ ＿＿＿＿＿＿ ＿＿＿＿＿＿ easily.

(7) そのカメラはだれによって使われましたか。

＿＿＿＿＿＿ was that camera ＿＿＿＿＿＿ ＿＿＿＿＿＿?

3 各組の英文がほぼ同じ意味になるように，＿＿＿に適切な語を入れなさい。 （5点×3）

(1) The accident made me surprised.

I was ＿＿＿＿＿＿ ＿＿＿＿＿＿ the accident.

(2) What do you call this vegetable in Japanese?

What ＿＿＿＿＿＿ this vegetable ＿＿＿＿＿＿ in Japanese?

(3) Mary didn't make this cake.

This cake ＿＿＿＿＿＿ ＿＿＿＿＿＿ by Mary.

4 日本語の意味を表すように，（　　　）内の語(句)を並べかえなさい。(不要な１語あり)

(1) 私は最初は美術に興味がありませんでした。　　　　　　　　　　　　　(6点×2)

(art / I / with / in / wasn't / interested) at first.

_____ at first.

(2) これらのホテルは冬は閉まっています。

(are / these hotels / closed / in / by / winter).

_____ .

5 (1)は（　　　）内の語を使って日本語を英語に直しなさい。(2)は日本語の表す状況であなたならどのように言うかを，（　　　）内の語を使って英語で書きなさい。　　　　　　(6点×2)

(1) この腕時計はどこで作られたのですか。　（ watch ）

_____

(2) 自分が学校で何と呼ばれているか相手に伝えるとき。（ am, at ）

_____

🔗入試につながる

6 次の英文を読んで，あとの問いに答えなさい。　　　　　　(6点×2) 〔愛知県改題〕

　　A sense of value is different in different places, in different times and to different people.
價格
Some of the people who are popular now were not famous when they were alive. Vincent van
生きている
Gogh and Miyazawa Kenji are good examples of such people. Do you know that both of them
had many terrible experiences in their lives?

　　Vincent van Gogh was born in 1853 in Holland. His first job was an art dealer in a company.
オランダ　　　　　　　　　　　　　　　　　　　　　美術商
Soon he became one of the best dealers in the company but he had to stop his job because he
got sick. After he got well, he tried some other jobs. Then he decided to become a painter
when he was 27. In France he met a lot of painters and he was (A) by them. So his
painting style changed and his works got brighter, but his disease got worse again. He kept
painting in the hospital. ① His works 【 him / really famous / after / the world / he / made /
around 】 died. In fact, he left more than 2,100 works of art, but only a few works were sold in
his life. Now his works are loved by a great number of people in the world.

(1) （ A ）にあてはまる最も適当な語を，次の５語の中から選んで，正しい形にかえて書きなさい。

stop　　grow　　influence　　produce　　worry　　　　_____

(2) 下線①のついた文が，本文の内容に合うように，【　　　】内の語句を正しい順序に並べ替えなさい。

His works _____ died.

不定詞①

月 / 日

解答 別冊 p.14〜15

① 不定詞が表す意味のイメージ

| I want a book.
（私は本がほしいです。） | Well, I want to write a book!
（ええと，私は本を書きたいです。） |

 さまざまな「動作」の情報を付け加える！

② 名詞の働きをする不定詞は「〜すること」の意味！

1 動詞の目的語になる！

I want to buy a new racket. （私は新しいラケットを買いたいです。）

「〜を望む」＋「〜すること」→「〜をしたい」

2 補語や主語になる！

My job is to save animals. （私の仕事は動物を救うことです。）

「私の仕事」＝「動物を救うこと」

To save animals is my job. （動物を救うことは私の仕事です。）

③ 副詞の働きをする不定詞は「〜するために」「〜して」の意味！

1 動詞を修飾して「〜するために」（目的）の意味を表す！

Lisa bought some eggs to make pancakes.

S　　　V　　　　　「パンケーキを作るために」（＝ 卵を買った目的）

（リサはパンケーキを作るために卵をいくつか買いました。）

2 形容詞を修飾して「〜して」（理由・原因）の意味を表す！

I'm happy to see you. （私はあなたにお会いできてうれしいです。）

「あなたに会えて」（＝ よろこぶ理由）

④ 形容詞の働きをする不定詞は「〜するための」「〜するべき」の意味！

1 名詞のあとにきて「〜するための」「〜すべき」の意味を表す！

I have a lot of things to do today. （私は今日するべきことがたくさんあります。）

「たくさんのこと」←「するべき」

2 something や someone などの代名詞のあとにもくる！

Nancy wants something to eat. （ナンシーは何か食べるものを欲しがっています。）

「何か」＋「食べるための」＝「何か食べるもの」

ポイント

・主語が三人称単数でも，過去の文でも，形はいつも〈to ＋ 動詞の原形〉。

2 疑問文の語順は be 動詞や一般動詞の疑問文の語順と同じ。

例 Do you want to eat curry and rice? （カレーライスが食べたいですか。）

— Yes, I do. （はい，食べたいです。） ／ No, I do not[don't]. （いいえ，食べたくありません。）

・否定文の語順は be 動詞や一般動詞の否定文の語順と同じ。

例 Emily doesn't want to go to the dentist. （エミリーは歯医者に行きたがりません。）

3 2「〜して」（理由・原因）の不定詞の文でよく使われる形

be glad to 〜（〜してうれしい）
be surprised to 〜（〜して驚く）
be excited to 〜（〜してわくわくする）
be sad to 〜（〜して悲しむ）

ポイント

4 something などの -thing を形容詞と不定詞の両方が修飾するときは，〈-thing ＋形容詞＋不定詞〉で表す。

例 I want something cold to drink. （私は何か冷たい飲み物がほしいです。）

❶不定詞の形　（　　）内から適切な語を選びなさい。

(1)　My mother wants to (visit, visits) the museum.

(2)　Akira went to the library to (borrowed, borrow) books.

(3)　I have many e-mails to (read, reading) in the morning.

(4)　I'll get you something to (drinking, drink).

(5)　To have dreams (is, are) important for us.

❷不定詞の意味　日本語の意味を表すように，＿＿＿に適切な語を入れなさい。

(1)　I don't like ＿＿＿＿＿ ＿＿＿＿＿ natto.　(私は納豆を食べるのが好きではありません。)

(2)　My sister is learning English ＿＿＿＿＿ ＿＿＿＿＿ friends.

　　(私の妹は友達をつくるために英語を学んでいます。)

(3)　Were they surprised ＿＿＿＿＿ ＿＿＿＿＿ the article?

　　(彼らはその記事を読んで驚きましたか。)

(4)　Would you like ＿＿＿＿＿ ＿＿＿＿＿ drink after dinner?

　　(夕食後に何か飲み物はいかがですか。)

(5)　I need someone ＿＿＿＿＿ ＿＿＿＿＿ me.　(私はだれか手伝ってくれる人が必要です。)

❸不定詞の用法　日本語の意味を表すように，（　　）内の語(句)を並べかえなさい。

(1)　(come / happy / I'm / to / to) the party.　(よろこんでパーティーに行きます。)

　　＿＿＿＿＿＿＿＿＿＿＿＿＿＿＿＿＿＿＿＿＿＿＿＿＿ the party.

(2)　(show / something / you / I / have / to) in the kitchen.

　　(キッチンで君に見せたいものがあるんだ。)

　　＿＿＿＿＿＿＿＿＿＿＿＿＿＿＿＿＿＿＿＿＿＿＿＿＿ in the kitchen.

(3)　What (to / you / be / want / do) in the future?　(あなたは将来何になりたいですか。)

　　What ＿＿＿＿＿＿＿＿＿＿＿＿＿＿＿＿＿＿＿＿＿＿＿ in the future?

(4)　(mountains / to / my hobby / climb / is) with my father.

　　(私の趣味は父と山に登ることです。)

　　＿＿＿＿＿＿＿＿＿＿＿＿＿＿＿＿＿＿＿＿＿＿＿＿＿ with my father.

⏱ 速読チャレンジ ─────────────────────────────

次の英文を1分以内に読んで，どんな内容か考えましょう。

　　One day / Andy went to Bill's <u>Steak House</u> near his office / to have a late lunch. /
　　　　　　　　　　　　　　　ステーキハウス
<u>However</u>, / when he arrived there, / he found that the restaurant was closed. / He
けれども
was <u>disappointed</u> to know that. / He had a steak lunch at another restaurant, / but
がっかりして
he didn't enjoy it. / The steak was too <u>spicy</u>, / so he wanted something cold to
　　　　　　　　　　　　　　　　　　香辛料のきいた
drink after lunch.　　　　　　　　　　　　　　　　　　　　　　　　　　(61 語)

1 次の文に [　　] 内の語を補うとしたらどこがよいか。記号を〇で囲みなさい。　　（4点×5）

(1) I like ア speak　　イ foreign languages　　ウ .　　[to]

(2) Would you like ア something　　イ to　　ウ drink?　　[hot]

(3) Meg bought ア a dictionary　　イ learn　ウ new words.　　[to]

(4) Shota will ア try　　イ to　ウ some English books.　　[read]

(5) I was surprised ア to　　イ a present　　ウ from my sister.　　[get]

2 日本語の意味を表すように，＿＿＿ に適切な語を入れなさい。　　（4点×9）

(1) 私の姉は朝早く起きたくありません。

My sister ＿＿＿＿＿ ＿＿＿＿＿ to get up early in the morning.

(2) あなたにお会いできてうれしいです。

I'm ＿＿＿＿＿ ＿＿＿＿＿ see you.

(3) 真衣はもっと速く走ろうとしました。

Mai tried ＿＿＿＿＿ ＿＿＿＿＿ faster.

(4) あなたは暇なとき何をするのが好きですか。

What do you like ＿＿＿＿＿ ＿＿＿＿＿ when you are free?

(5) 早紀は海外に行くためにお金を貯めています。

Saki is saving money ＿＿＿＿＿ ＿＿＿＿＿ abroad.

(6) 彼女は今日赤ちゃんの世話をしてくれる人を探しています。

She is looking for someone ＿＿＿＿＿ ＿＿＿＿＿ care of her baby today.

(7) 祖母の趣味は卓球をすることです。

My grandmother's hobby is ＿＿＿＿＿ ＿＿＿＿＿ table tennis.

(8) あなたにいくつか質問したいのですが。

I'd like ＿＿＿＿＿ ＿＿＿＿＿ you some questions.

(9) 広樹は「ありがとう」と言うためにお母さんに電話をしました。

Hiroki called his mother ＿＿＿＿＿ ＿＿＿＿＿, "Thank you."

3 各組の英文がほぼ同じ意味になるように，＿＿＿ に適切な語を入れなさい。　　（5点×2）

(1) We had to do a lot of homework last week.

We had a lot of homework ＿＿＿＿＿ ＿＿＿＿＿ last week.

(2) You can see many things in this museum.

This museum has many things ＿＿＿＿＿ ＿＿＿＿＿.

4 日本語の意味を表すように，（　　）内の語を並べかえなさい。　　　　　（6点×3）

(1) 今日はあなたたちに伝えたいことがあります。

（ something / to / have / tell / I / you) today.

_____ today.

(2) あなたは彼らをよろこばせるために何をしましたか。

What (make / to / you / happy / did / do / them)?

What _____ ?

(3) トムは十分に寝る時間がありません。

(enough / sleep / Tom / to / doesn't / time / have).

_____ .

5 (1)は（　　）内の語を使って日本語を英語に直しなさい。(2)は日本語の表す状況であなたならどのように言うかを，（　　）内の語を使って英語で書きなさい。　　　　　（6点×2）

(1) ロンドンは訪れるのにとてもよい場所です。　（ great ）

_____

(2) 相手に自分の将来の夢を聞かれたとき。　（ want ）

_____

➡入試につながる

6 次の英文を読んで，あとの問いに答えなさい。　　　　　（4点）〔愛知県改題〕

　We cannot live alone. So we try to have good <u>relationships</u> with other people every day.
関係
We sometimes <u>succeed</u> and we sometimes fail. Through those experiences, we make our own
成功する
communication styles.

　But talking with <u>strangers</u> is difficult. And <u>getting along with</u> other people is more difficult.
知らない人 ～と仲良くなる
A lot of people get nervous and worried about their relationships with other people. People
may think, "Should I smile? What should I talk about? How can I be <u>good at</u> getting along
～が得意な
with people?"

　In fact, a lot of people seem worried about their communication skills. They are (　A　) to
find a good way to have better communication skills. Some people are too shy when they talk
to people. Some people think too much to enjoy talking. So there are many books and TV
programs about communication skills. On the Internet, they can also visit many websites
which tell them how to solve their problems.

(1) （　A　）にあてはまる最も適当な語を，次の5語の中から選んで，正しい形にかえて書きな
さい。

feel　　have　　hear　　stay　　try　　　　　　　　_____

不定詞②

月 / 日

解答 別冊 p.16～17

① 〈It is ＋形容詞＋不定詞～ .〉の It は「それ」ではない！

・文頭の It は不定詞の内容を指している！

（不定詞「～すること」が主語の文）

To understand different cultures is important.

→主語が長く，言いたいことが後回しになる

⇒ **It is important to understand different cultures.**

It は不定詞の内容を指す。（さまざまな文化を理解することは大切です。）

② 〈疑問詞＋不定詞〉は「どう～するか」などの意味を表す！

1 〈疑問詞＋不定詞〉は主に動詞の目的語になる！

I don't know how to play the guitar.

S　　　V　　　　　O「どのようにギターを弾くか」→「ギターの弾き方」

（私はギターの弾き方を知りません。）

2 「(人)に(…のしかた)を～する」の形

I'll show you how to make okonomiyaki.

（あなたにどのようにお好み焼きを作るかお見せしましょう。）

③ 不定詞の重要文型

・〈tell ＋(人)＋不定詞〉「(人)に～するよう言う」の形の文

My mother always tells me to study.

　　　　　　S　　　　　　V　O　不定詞　　←〈tell ＋(人)＋不定詞〉

（私の母はいつも私に勉強するよう言います。）

④ 原形不定詞

・to をつけない動詞の原形そのままの形を原形不定詞という！

・原形不定詞の文

My father helped me wash my car.

〈help ＋(人など)＋動詞の原形〉：「(人など)が～するのを助ける[手伝う]」

（私の父は私が車を洗うのを手伝ってくれました。）

Let me ask you some questions.

〈let ＋(人など)＋動詞の原形〉：「(人など)に～させる」

（私にいくつか質問をさせてください。）

---

①意味上の主語〈for+(人)〉は不定詞の直前に置く！

例 It was hard for me to climb Mt. Fuji.

不定詞の意味上の主語

（私にとっては，富士山に登るのは大変でした。）

②①の例文は間接疑問（→第13回）を使って表すこともできる。

例 I don't know how I can play the guitar.

☆絶対暗記
〈疑問詞＋不定詞〉
how to ～
（どう～するか）
what to ～
（何を～するか）
which to ～
（どちら[どれ]を～すべきか）
where to ～
（どこで[に]～すべきか）
when to ～
（いつ～すべきか）

③この文型をとる動詞：ask, tell, want など

例 I want you to carry this bag.

（私はあなたにこのかばんを運んでもらいたい。）

④help は〈help ＋(人など)＋ to 不定詞〉の形でも使われる。

例 My father helped me to wash my car.

❶ 不定詞の形 日本語の意味を表すように，＿＿＿に適切な語を入れなさい。

(1) 外国に住むことはおもしろいです。

＿＿＿＿＿ is interesting ＿＿＿＿＿ live in a foreign country.

(2) この歌を歌うことは難しいですか。

＿＿＿＿＿ ＿＿＿＿＿ difficult to sing this song?

(3) 私にとってその質問に答えることは簡単ではありませんでした。

It wasn't easy ＿＿＿＿＿ me ＿＿＿＿＿ answer the question.

(4) あなたはテニスのやり方を知っていますか。

Do you know ＿＿＿＿＿ ＿＿＿＿＿ play tennis?

(5) 私は父に駅に来てくれるように頼みました。

I asked my father ＿＿＿＿＿ ＿＿＿＿＿ to the station.

(6) 私は昨日，母がそれらの箱を運ぶのを手伝いました。

I ＿＿＿＿＿ my mother ＿＿＿＿＿ those boxes yesterday.

❷ 不定詞の用法 日本語の意味を表すように，（　　）内の語(句)を並べかえなさい。

(1) (eat / important / to / is / it) breakfast every day.

（毎日朝食を食べることは大切です。）

＿＿＿＿＿＿＿＿＿＿＿＿＿＿＿＿＿＿＿＿＿ breakfast every day.

(2) He knows (take / to / how / good pictures).

（彼はよい写真の撮り方を知っています。）

He knows ＿＿＿＿＿＿＿＿＿＿＿＿＿＿＿＿＿＿.

(3) The doctor (take / me / to / told / medicine).

（その医者は私に薬を飲むよう言いました。）

The doctor ＿＿＿＿＿＿＿＿＿＿＿＿＿＿＿＿＿.

(4) Robert (to / wants / me / him / call) Bob.

（ロバートは私にボブと呼んでほしがっています。）

Robert ＿＿＿＿＿＿＿＿＿＿＿＿＿＿＿＿＿ Bob.

(5) (us / this room / let / use) tomorrow. （明日私たちにこの部屋を使わせてください。）

＿＿＿＿＿＿＿＿＿＿＿＿＿＿＿＿＿＿＿ tomorrow.

第7回

⏱速読チャレンジ

次の英文を1分以内に読んで，どんな内容か考えましょう。

In order to keep our health, / we need some exercise every day. / For example, /
　〜するために　　　　　　　　　　　　　　　　　　運動
some people run in the park every morning. / Other people like to swim in the pool.
/ If we do some stretching exercise at home every day, / it will be good for our
　　　　　　　　ストレッチ体操
health, too.

(48 語)

33

不定詞②

1 日本語の意味を表すように，＿＿＿＿に適切な語を入れなさい。　　　　　　　　　（4点×8）

(1) インターネットで物を買うのは簡単です。

＿＿＿＿＿ easy to ＿＿＿＿＿ things on the Internet.

(2) 次に何をすべきか知っていますか。

Do you know ＿＿＿＿＿ ＿＿＿＿＿ do next?

(3) ジムは私にパーティーに来るよう頼みました。

Jim ＿＿＿＿＿ me ＿＿＿＿＿ come to the party.

(4) 彼女にとってその絵を描くのは簡単ではありませんでした。

It ＿＿＿＿＿ easy ＿＿＿＿＿ her to draw that picture.

(5) 私に数時間寝させてください。

＿＿＿＿＿ me ＿＿＿＿＿ for a few hours.

(6) 新入生たちはまずどこへ行ったらよいか分かりませんでした。

The new students didn't know ＿＿＿＿＿ to ＿＿＿＿＿ first.

(7) 私はあなたに夜の星を見てほしいのです。

I ＿＿＿＿＿ ＿＿＿＿＿ to see the stars at night.

(8) このネコを見つけるのを手伝ってくれませんか。

Can you ＿＿＿＿＿ me ＿＿＿＿＿ this cat?

2 各組の英文がほぼ同じ意味になるように，＿＿＿に適切な語を入れなさい。　　　　（4点×3）

(1) I can't play the drums.

I don't know ＿＿＿＿＿ ＿＿＿＿＿ ＿＿＿＿＿ the drums.

(2) To watch baseball games is exciting.

＿＿＿＿＿ ＿＿＿＿＿ exciting ＿＿＿＿＿ watch baseball games.

(3) Mr. Suzuki said to us, "Speak English every day."

Mr. Suzuki ＿＿＿＿＿ us ＿＿＿＿＿ ＿＿＿＿＿ English every day.

3 次の英文の下線部の誤りを①〜③の番号で指摘し，その部分全体を正しく直しなさい。

（5点×4）

(1) Let ① me ② to take ③ some pictures here.　　　（　　　）→ ＿＿＿＿＿＿

(2) The man ① told ② us ③ to where buy tickets.　　（　　　）→ ＿＿＿＿＿＿

(3) Is ① it difficult ② for you ③ get up early?　　　（　　　）→ ＿＿＿＿＿＿

(4) Do you want ① me ② paint ③ these walls?　　　（　　　）→ ＿＿＿＿＿＿

4 日本語の意味を表すように，（　　）内の語(句)を並べかえなさい。(不要な1語あり)

(1) 動物たちを救うために何をすべきか知っていますか。 (5点×3)

（ do / what / to / to / you / do / know / how) save animals?

_____ save animals?

(2) ベッキーにとって日本語を話すことは楽しいです。

(fun / Japanese / Becky / to / for / it / speak / is / of).

_____ .

(3) 私はあまりに眠くてその本を読めませんでした。

(the book / too / to / for / sleepy / was / read / I).

_____ .

5 (1)(2)は（　　）内の語(句)を使って日本語を英語に直しなさい。(3)は日本語の表す状況であなたならどのように言うかを，（　　）内の語を使って英語で書きなさい。 (5点×3)

(1) あなたの住所を私に教えてください。(know, address)
　　　　　　　　　　　　　　　　　　　　　　　　　　　　住所

_____

(2) 私はバイオリンの弾き方を学びたいです。(how, the violin)

_____

(3) 相手に明日の持ち物をたずねるとき。(can, to)

_____

🔗**入試につながる**

6 次の会話を読んで，質問の答えとして最も適切なものを，ア～エから1つ選び，記号を〇で囲みなさい。 (6点)〔岐阜県改題〕

（電話で）

Ken : Hello, this is Ken speaking.

Judy : Hi, Ken. It's Judy. Thank you for inviting me to the party yesterday. Well, I'm calling you because I lost my watch. Have you seen it in your house?

Ken : No, I haven't. I'm going to check my house.

Judy : Thanks. Please call me if you find it. See you soon.

(1) Why is Judy calling Ken?

ア She asks him to come to her party.

イ She needs to borrow his watch.

ウ She wants him to look for her watch.

エ She would like to go to his party again.

ヒント 6 まず質問と答えの選択肢を読んでから会話を読もう。

第 **8** 回
ステップ **1** →
動名詞

月 / 日

解答 別冊 p.18〜19

---

① **動名詞(〜 ing)は「〜すること」の意味!**

1 動名詞の形と働き

・「私は〜が好きです。」という文をつくるとき

I like | curry |. (私はカレーが好きです。)

→ □ の部分(目的語)には名詞の働きをする語(句)が入る

・「私は〜をすることが好きです。」という文をつくるとき

I like | making curry |. (私はカレーを作ることが好きです。)

→ □ の部分(目的語)には名詞の働きをする語(句)が入るので,
動詞は「動名詞(〜 ing)」の形で入れればよい

2 動詞の働きを残したまま,「ひとまとまりの名詞」を作る!

動詞	動名詞(名詞の働き)
walk (歩く)	walking (歩くこと)
walk in the park (公園の中を歩く)	walking in the park (公園の中を歩くこと) *動詞が〜 ing の形(動名詞)になる
clean the room (部屋をそうじする)	cleaning the room (部屋をそうじすること)

② **動名詞は文の中で目的語・主語・補語になる!**

1 動詞の目的語になる!

Aya enjoys listening to music. (彩は音楽を聞いて楽しみます。)
　　　　V(〜を楽しむ) + O(音楽を聞くこと)

2 文の主語や補語になる!

Speaking English is fun. (英語を話すことは楽しいです。)
S(英語を話すこと)　　　V　C

③ **動名詞と不定詞のどちらを目的語にとるかは動詞で決まる!**

1 動名詞だけを目的語にとる動詞:enjoy, finish, practice など

Mai finished washing the dishes. (舞は皿を洗い終えました。)

2 不定詞だけを目的語にとる動詞:want, hope, decide など

I want to be a math teacher. (私は数学の先生になりたいです。)

3 動名詞・不定詞の両方を目的語にとる動詞:love, begin, start など

Ken likes watching movies. ≒ Ken likes to watch movies.

(健は映画を見るのが好きです。)

---

①進行形で使う〜 ing と動名詞の違い

・Yuta's hobby is playing the piano.

→「ひとまとまりの名詞」をつくっている。
(裕太の趣味はピアノを弾くことです。)

・Yuta is playing the piano.

→ playing はあくまで動詞の働き
(裕太はピアノを弾いています。)

②②動名詞が主語のときは三人称単数扱い。

例 Eating breakfast is important.(朝食を食べることは大切です。)

☆動名詞は前置詞の目的語にもなる。

例 Tom is good at singing. 　　↑前置詞
(トムは歌うことが得意です。)

動名詞を含む重要表現
・look forward to 〜 ing(〜するのを楽しみにする)
・How about 〜 ing?
(〜してはどうですか。)

③ ここに注意

③ stop, try, forget などはあとに続くのが動名詞か不定詞かによって意味が異なる。

例 Ben stopped talking.
(ベンは話すのをやめました。)

例 Ben stopped to talk.
(ベンは話すために立ち止まりました。)

❶ ～ ing 形の作り方　日本語の意味を表すように，＿＿＿に適切な語を入れなさい。

(1) I like ＿＿＿＿＿＿ in the morning. （私は朝に歩くのが好きです。）

(2) Her job is ＿＿＿＿＿＿ music. （彼女の仕事は音楽を教えることです。）

(3) How about ＿＿＿＿＿＿ to my house for dinner? （夕食に私の家に来るのはどうですか。）

(4) Did you finish ＿＿＿＿＿＿ your room? （部屋をそうじし終えましたか。）

(5) ＿＿＿＿＿＿ comic books is my brother's hobby. （漫画を読むことは私の弟の趣味です。）

❷ 動名詞と不定詞　（　　）内から適切な語(句)を選びなさい。

(1) My mother wants (to drink / drinking) coffee.

(2) The students practiced (to dance / dancing) in the gym.

(3) We look forward to (eat / eating) your cake.

(4) I enjoy (talking / to talk) with people from other countries.

(5) Beth decided (to go / going) to Osaka this weekend.

(6) I hope (seeing / to see) you soon again.

(7) Are you good at (taking / to take) pictures?

❸ 動名詞の用法　日本語の意味を表すように，（　　）内の語を並べかえなさい。

(1) (up / hard / is / getting / early) for me. （早く起きることは私にとって大変です。）

＿＿＿＿＿＿＿＿＿＿＿＿＿＿＿＿＿＿＿＿＿＿＿＿＿＿＿＿＿＿ for me.

(2) (doing / I / my homework / finished) yesterday. （私は昨日宿題を終えました。）

＿＿＿＿＿＿＿＿＿＿＿＿＿＿＿＿＿＿＿＿＿＿＿＿＿＿＿ yesterday.

(3) (you / to / what / do / want / have) for dessert? （デザートに何を食べたいですか。）

＿＿＿＿＿＿＿＿＿＿＿＿＿＿＿＿＿＿＿＿＿＿＿＿＿ for dessert?

(4) Can (you / water / cook / using / without)? （水を使わずに料理ができますか。）

Can ＿＿＿＿＿＿＿＿＿＿＿＿＿＿＿＿＿＿＿＿＿＿＿＿＿＿＿＿?

⏱ 速読チャレンジ

次の英文を 1 分以内に読んで，どんな内容か考えましょう。

　Mariko likes collecting <u>cell phone straps</u>. / She enjoys using different straps every
day. / One of her favorite straps / is the one with a <u>miniature</u> <u>figure</u> of a cat. / She can
携帯ストラップ　　　　　　　　　　　　　　　　　　　　　小さな　　フィギュア
find some interesting straps on the Internet, / so she sometimes <u>checks</u> online
～をチェックする
shops / and orders straps from them. （48 語）

動名詞

1 日本語の意味を表すように，_____ に適切な語を入れなさい。　　(5点×6)

(1) 私たちは環境について考え始めました。

　　We began _____ about the environment.

(2) あなたはなぜ走るのが好きなのですか。

　　Why do you like _____?

(3) 子どもたちはその物語を聞くのを楽しみます。

　　Children enjoy _____ to the story.

(4) パーティーに来てくれてありがとうございます。

　　Thank you for _____ to the party.

(5) メグは家を出る前にコーヒーを飲むのが好きです。

　　Meg likes drinking coffee before _____ home.

(6) 私の弟は昨日自転車に乗る練習をしました。

　　My brother practiced _____ a bike yesterday.

2 次の会話が成り立つように，[　　]内の語を適切な形にかえて____に入れなさい。　　(5点×3)

(1) *A:* Do you think _____ Japanese is difficult? [speak]

　　B: Yes. But _____ it is more difficult for me. [read]

(2) *A:* I'm looking forward to _____ you in the U.S. [visit]

　　B: I'm excited! I hope you'll enjoy _____ with us. [stay]

(3) *A:* How about _____ a train to Asahi Park? It's faster, and we can have more time
　　　　there. [take]

　　B: That's a good idea. Let's buy lunch before _____ to the park. [go]

3 各組の英文がほぼ同じ意味になるように，____に適切な語を入れなさい。　　(6点×4)

(1) Do you like to learn foreign languages?

　　Do you like _____ foreign languages?

(2) I started to work in the hospital two years ago.

　　I started _____ in the hospital two years ago.

(3) Hiroki dances well.

　　Hiroki is _____ at _____.

(4) It is exciting for me to study abroad.

　　_____ abroad _____ exciting for me.

4 日本語の意味を表すように，（　　）内の語(句)を並べかえなさい。 (6点×2)

(1) 私は子どもの世話をするのが好きです。 (like / of / children / I / care / taking).

_____ .

(2) お年寄りに親切でいることは大切です。 (kind / is / being / old people / to) important.

_____ important.

5 (1)は(　　)内の語を使って日本語を英語に直しなさい。必要ならば形を変えること。(2)は日本語の表す状況であなたならどのように言うかを，（　　）内の語を使って英語で書きなさい。

(6点×2)

(1) 私は父の車を洗い終えました。 (wash, car)

_____

(2) 一緒に昼食を食べようと相手を誘うとき。 (about, together)

_____

◯━◯入試につながる

6 次の英文を読んで，あとの問いに答えなさい。 ((1)3点，(2)4点) 〔愛知県改題〕

　　These days, more and more people around the world are thinking about how they produce electricity without destroying their environment.　So new technologies and cooperation between countries have become more important.　Let's share three stories to learn the fact.

　　In 2016, Portugal tried a test for energy.　They used only renewable energy such as wind, water, and sunlight.　They could produce all the electricity that was necessary for the whole nation.　Now, the government and companies are (　A　) together to make some new power plants, such as a wind power plant.　They want to use more renewable energy because the energy can save oil and protect the environment.　The people think using renewable energy is 　①　.　Their goal is to stop pollution, have more energy, and get economic growth.

(1) (　A　)にあてはまる最も適当な語を，次の5語の中から選んで，正しい形にかえて書きなさい。

stop　　　take　　　blow　　　work　　　sell　　　　　_____

(2) 　①　にあてはまる最も適当な英語を，次のアからエまでの中から一つ選んで，記号を◯で囲みなさい。

ア　not good for the environment because many people use oil

イ　much better for protecting the environment than burning oil

ウ　not a good example of using wind, water, and sunlight

エ　dangerous because renewable energy facilities cannot save oil

━━ヒント　6 (2)空所を含む英文の意味を考えたとき，空所が何を説明しようとしているのかを考えよう。

解答 別冊 p.20〜21

① 分詞は動詞と形容詞の性質をもっている！

❶ 現在分詞は「〜している」という意味の「ひとまとまりの形容詞」を作る！

a bird 鳥	a flying bird 飛んでいる鳥	a bird flying with other birds 他の鳥と飛んでいる鳥	a bird eating fruit 果物を食べている鳥

a bird を修飾する語が 2 語以上の場合は，後ろから修飾している！

❷ 過去分詞は「〜された[される]」という意味の「ひとまとまりの形容詞」を作る！

a window 窓	a broken window 割られた窓	a window broken 10 years ago 10 年前に割られた窓

a window を修飾する語が 2 語以上の場合は，後ろから修飾している！

② 文中での分詞の働きを理解する！

❶ 現在分詞の文

The boy sitting on the bench is my brother.
S〈名詞＋現在分詞〜〉　　　　　　　　V

（ベンチに座っている男の子は私の弟です。）

❷ 過去分詞の文

I visited a castle built 500 years ago.
S　V　O〈名詞＋過去分詞〜〉

（私は 500 年前に建てられた城を訪れました。）

Apple pies made by my grandmother are delicious.
S〈名詞＋過去分詞〜〉　　　　　　　V

（祖母によって作られるアップルパイはとてもおいしいです。）

---

①（ここに注意）
②注意すべき過去分詞

spoken ＜ speak
sent ＜ send
written ＜ write
built ＜ build
taken ＜ take
broken ＜ break
made ＜ make
used ＜ use
read ＜ read
stolen ＜ steal
given ＜ give
seen ＜ see
drawn ＜ draw

②〈名詞＋分詞〉を見分けにくいときは？

→分詞の前に，関係代名詞（第 10 回参照）と be 動詞を補ってみる。

〔例〕・The boy (who [that] is) sitting on the bench is my brother.
・Apple pies (which [that] are) made by my grandmother are delicious.

❶ 現在分詞・過去分詞の区別　(　　)内から適切な語を選びなさい。

(1) The boy (playing, played) tennis over there is Tom.

(2) I am looking for books (written, writing) in English.

(3) That castle has some (breaking, broken) windows.

(4) Did you know the man (sung, singing) with your father?

(5) Look at those (ran, running) lions!

(6) English is the language (speaking, spoken) in this country.

❷ 現在分詞・過去分詞の形　[　　]内の語を適切な形にかえて＿＿＿に入れなさい。

(1) I have a doll ＿＿＿＿＿＿＿ by my mother. [make]

(2) Lisa is the student ＿＿＿＿＿＿＿ a book under the tree. [read]

(3) We got a letter ＿＿＿＿＿＿＿ from the U.K. [send]

(4) I know the dancer ＿＿＿＿＿＿＿ a blue dress. [wear]

❸ 現在分詞・過去分詞の用法　日本語の意味を表すように，(　　)内の語(句)を並べかえなさい。

(1) (glasses / wearing / the teacher / is) Ms. Suzuki. (眼鏡をかけている先生は鈴木先生です。)

＿＿＿＿＿＿＿＿＿＿＿＿＿＿＿＿＿＿＿＿＿＿＿＿＿＿＿＿＿ Ms. Suzuki.

(2) (want / in / a chair / made / I) Italy. (私はイタリア製のいすがほしいです。)

＿＿＿＿＿＿＿＿＿＿＿＿＿＿＿＿＿＿＿＿＿＿＿＿＿＿＿ Italy.

(3) The girl (to / came / our class / Meg / called).

(メグと呼ばれる女の子が私たちのクラスにやってきました。)

The girl ＿＿＿＿＿＿＿＿＿＿＿＿＿＿＿＿＿＿＿＿＿＿＿＿＿.

(4) I don't (by / any books / have / written) Natsume Soseki.

(私は夏目漱石によって書かれた本を1冊も持っていません。)

I don't ＿＿＿＿＿＿＿＿＿＿＿＿＿＿＿＿＿＿＿＿＿＿＿ Natume Soseki.

⏱ 速読チャレンジ

次の英文を1分以内に読んで，どんな内容か考えましょう。

Last Friday, / Takashi visited a museum in the city. / He saw a lot of interesting things there. / He <u>was attracted by</u> some <u>hunting tools</u> / and some dishes made of wood. / All
　　　　　　　　　　　　　　　　　　　　　　～に魅了された　　　　　狩猟道具
of them were found in old <u>ruins</u>. / <u>As</u> he saw them, / he <u>imagined</u> the lives of people of
　　　　　　　　　　　　　　遺跡　　～しながら　　　　　　　　　　　～を想像した
that time. / It was very exciting for Takashi to spend time in the museum. 　　　(63 語)

分詞

1 日本語の意味を表すように，＿＿＿に適切な語を入れなさい。 （5点×5）

(1) 私の父は飛んでいる鳥の写真を撮るのが好きです。

My father likes to take pictures of ＿＿＿＿＿ birds.

(2) その店はたくさんの中古車を売ります。

That store sells many ＿＿＿＿＿ cars.

(3) ハリーと名づけられたその少年はとても親切になりました。

The boy ＿＿＿＿＿ Harry became very kind.

(4) 京都には何年も前に建てられた古い寺がたくさんあります。

Kyoto has many old temples ＿＿＿＿＿ many years ago.

(5) あなたの隣に座っていた女の子はだれですか。

Who was the girl ＿＿＿＿＿ next to you?

2 各組の英文がほぼ同じ意味になるように，＿＿に適切な語を入れなさい。 （5点×3）

(1) Many people like the pictures. They were drawn by him.

Many people like the pictures ＿＿＿＿＿ ＿＿＿＿＿ him.

(2) You can see the mountains from here. They look amazing.

The mountains ＿＿＿＿＿ from here ＿＿＿＿＿ amazing.

(3) This bag was made by my father.

This is a ＿＿＿＿＿ ＿＿＿＿＿ by my father.

3 次の文に（　　）内の句を補うとしたらどこが適切か。記号を○で囲みなさい。 （6点×3）

(1) The baseball fans ア looked イ very excited ウ. (watching the game)

(2) What ア are イ the languages ウ? (spoken in India)

(3) Can you ア see イ the man ウ? (standing by the window)

4 日本語の意味を表すように，（　　）内の語(句)を並べかえなさい。 （6点×2）

(1) あそこで踊っている少女を知っていますか。

(dancing / you / over / the girl / know / do / there)?

＿＿＿＿＿＿＿＿＿＿＿＿＿＿＿＿＿＿＿＿＿＿＿＿＿＿＿＿＿＿＿ ?

(2) 机の下で眠っているネコはルルと呼ばれています。

(under / is / sleeping / the cat / called / the desk) Lulu.

＿＿＿＿＿＿＿＿＿＿＿＿＿＿＿＿＿＿＿＿＿＿＿＿＿＿＿＿＿ Lulu.

5 (1)(2)は（　　）内の語を使って日本語を英語に直しなさい。(3)は日本語の表す状況であなたなら
どのように言うかを，（　　）内の語を使って英語で書きなさい。　　　　　　　　　　(6点×3)

(1) 私には東京で働いている姉がいます。（ a sister ）

_____

(2) トムは日本製の腕時計が好きです。（ watches, in ）

_____

(3) 相手に，赤いＴシャツを着た男の子がだれかをたずねるとき。（ wearing, a red T-shirt ）

_____

⊖⊃入試につながる

6 次の英文を読んで，あとの問いに答えなさい。　　　　　　(4点×3)　〔愛知県改題〕

How do you spend your winter? Do you enjoy skiing or snowboarding? Have you ever
enjoyed playing with snow or ice? If you live in a region which does not have much snow,
snow may be something you see a few times in winter, or something you experience through
TV news or books. If you live in a snowy region, snow is an important part of life. People
there have （　A　） together with snow.

When snow falls, it melts in the end and becomes water. So people have known from their
experience that snow is made of water. And they have also known that snow falls in different
conditions. For example, some kinds of snow are dry and light, and some are wet and heavy.
When people <u>observe</u> snow with a <u>microscope</u>, they can see <u>snow crystals</u>. People know
　　　　　　　～を観察する　　　　　　　顕微鏡　　　　　　　　　　　雪の結晶
about snow crystals, but most of them do not know that snow has been studied in Japan for a
long time.

In the 1800s, snow was observed with a microscope in Japan. A <u>lord</u> （　B　） for the
　　　　　　　　　　　　　　　　　　　　　　　　　　　　　　　　　殿様
<u>Tokugawa Government</u> was attracted by the beauty of snow crystals. He caught snow
　　徳川幕府
crystals with a piece of <u>chilled</u> cloth and put them under his microscope. Then he drew
　　　　　　　　　　　～を冷やす
pictures of them. This may be one of the first <u>scientific</u> <u>studies</u> about snow in Japan. ① <u>Later</u>
　　　　　　　　　　　　　　　　　　　　　　　　　科学的な　研究
<u>in his book, he</u> 【of snow crystals / 86 different shapes / showed / he / and how / caught them】.
The beautiful shapes became very popular among people in the Edo period, and they used the
designs for clothes and tools.

(1) （　A　），（　B　）にあてはまる最も適当な語を，次の5語の中から1つずつ選んで，それ
　　ぞれ正しい形にかえて書きなさい。

　　become　　work　　forget　　live　　show　　　　A：_____　B：_____

(2) 下線①のついた文が，本文の内容に合うように，【　　　　】内の語句を正しい順序に並べかえ
　　なさい。

_____

関係代名詞

① 関係代名詞は名詞に説明を加える働きをする！

1 関係代名詞を使って前の名詞(先行詞)に説明を加える！

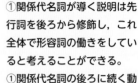

I have a friend who can play the violin.

先行詞　　関係代名詞＋先行詞についての説明

(私にはバイオリンを弾ける友達がいます。)

2 関係代名詞は説明を加える名詞(先行詞)によって使い分ける！

先行詞	関係代名詞
人	who, that
もの	which, that

3 関係代名詞に that を使うことが多い場合

・先行詞に〈the ＋最上級〉や only, first, last などが付くときは, that が好まれる場合が多い。

Tom was the only student that answered the question.

(トムはその質問に答えたたった１人の生徒です。)

② 関係代名詞は「何について説明するか」に注意！

・「主語にあたるもの」について説明するとき

動詞 has の主語にあたる a house を説明

I want a house which[that] has a garden.

→関係代名詞は省略できない

(私は庭つきの家がほしいです。)

・「目的語(〜を)にあたるもの」について説明するとき

動詞 saw の目的語にあたる the movie を説明

The movie which[that] I saw was great.

The movie ⬚ I saw was great.

→関係代名詞は省略可能！

(私が見た映画はすばらしかったです。)

---

① 関係代名詞が導く説明は先行詞を後ろから修飾し, これ全体で形容詞の働きをしていると考えることができる。

①関係代名詞の後ろに続く動詞の形は先行詞に合わせる。

例 I have a cousin who lives in London. (私にはロンドンに住んでいるいとこがいます。)

→先行詞 a cousin は三人称単数なので, lives にする。

③関係代名詞に that が好んで使われるその他の例

・先行詞が everything や all などの代名詞のとき

例 Everything that she said is true. (彼女の言ったことすべてが本当です。)

②（ここに注意）

関係代名詞の文では動詞に注意する。

例 The people who arrived late at night / were very tired. └→文全体の動詞

* 関係代名詞が導く説明部分は who 〜 at night まで

(夜遅くに着いた人々はとても疲れていました。)

●〈名詞＋ S＋V 〜〉が出てきたら, 名詞と S の間に関係代名詞が省略されていないか注意しよう。

例 The car ⬚ my brother bought looks cool. (兄が買った車はかっこいいです。)

* 関係代名詞 which[that] が省略されている。

❶関係代名詞の種類① （　　）内から適切な語を選びなさい。

(1) I have a friend (which, who) is from China.

(2) This is the picture (that, who) my mother took.

(3) I'll talk about the temples (who, which) I visited in Nara.

(4) Takuya knows a lot of English words (which, who) I don't know.

(5) That is the only restaurant (that, who) we have in this town.

(6) Let's take the train (that, who) goes to Yokohama.

❷関係代名詞の種類② 日本語の意味を表すように，＿＿に適切な語を入れなさい。

(1) Meg is reading a book ＿＿＿＿＿ has three hundred pages.
（メグは 300 ページある本を読んでいます。）

(2) Read the words ＿＿＿＿＿ are written here.
（ここに書かれている言葉を読んでください。）

(3) There are many students ＿＿＿＿＿ want to study abroad.
（留学したい生徒はたくさんいます。）

(4) This is the first letter ＿＿＿＿＿ I got from him.
（これは私が彼からもらった初めての手紙です。）

❸関係代名詞の働き 次の 2 つの文を関係代名詞を使って 1 つの文にまとめなさい。下線部の語句を先行詞にすること。

(1) I bought a watch. It was made in France.

＿＿＿＿＿＿＿＿＿＿＿＿＿＿＿＿＿＿＿＿＿＿＿＿＿＿＿＿＿＿

(2) We'll stay in a hotel. It has a big pool.

＿＿＿＿＿＿＿＿＿＿＿＿＿＿＿＿＿＿＿＿＿＿＿＿＿＿＿＿＿＿

(3) Let's listen to the song. Lisa sang it yesterday.

＿＿＿＿＿＿＿＿＿＿＿＿＿＿＿＿＿＿＿＿＿＿＿＿＿＿＿＿＿＿

❶ 速読チャレンジ

次の英文を 1 分以内に読んで，どんな内容か考えましょう。

　　Kazuo and his family went to Hawaii last summer. / Hawaii was one of the places / that Kazuo really wanted to visit. / During the stay in Hawaii, / Kazuo enjoyed swimming in the sea every day. / In the evening, / Kazuo and his family watched the sunset on the beach. / Kazuo will never forget the sunset / he watched in Hawaii.

(57 語)

関係代名詞

1 次の英語の説明に合うものを，下の[　]内から選び，その単語を書きなさい。 （4点×4）

(1) a thing that you use to open a door ＿＿＿＿＿＿

(2) a sport that is played by five people on each team ＿＿＿＿＿＿

(3) a thick book you use when you study ＿＿＿＿＿＿

(4) a person who teaches at school ＿＿＿＿＿＿

[nurse　basketball　window　dictionary　teacher　novel　key　tennis]

2 日本語の意味を表すように，＿＿に適切な語を入れなさい。 （4点×8）

(1) 私に昨夜電話を掛けた人を知っていますか。

Do you know the person ＿＿＿＿＿ ＿＿＿＿＿ me last night?

(2) 私が子どもたちのために何かできることはありますか。

Is there anything ＿＿＿＿＿ ＿＿＿＿＿ can do for children?

(3) これは彼が探していた CD です。

This is the CD ＿＿＿＿＿ ＿＿＿＿＿ was looking for.

(4) 私が昨日読んだ記事はおもしろかったです。

The article ＿＿＿＿＿ ＿＿＿＿＿ yesterday was interesting.

(5) あなたたちが食べている野菜は私の祖父母によって育てられました。

The vegetables ＿＿＿＿＿ you eat ＿＿＿＿＿ grown by my grandparents.

(6) あなたが知っていること全てを私に話してください。

Tell me everything ＿＿＿＿＿ you ＿＿＿＿＿.

(7) 彼女はこの歌を書いた歌手です。

She is the singer ＿＿＿＿＿ ＿＿＿＿＿ this song.

(8) 私と一緒にいた男の子は私の弟です。

The boy ＿＿＿＿＿ ＿＿＿＿＿ with me is my brother.

3 次の英文には誤りが1箇所あります。全文を正しく書き直しなさい。 （6点×3）

(1) I have a brother who he is a doctor.

＿＿＿＿＿＿＿＿＿＿＿＿＿＿＿＿＿＿＿＿＿＿＿＿＿＿＿

(2) Yuka wants a car runs fast.

＿＿＿＿＿＿＿＿＿＿＿＿＿＿＿＿＿＿＿＿＿＿＿＿＿＿＿

(3) People who invited to the party looked excited.

＿＿＿＿＿＿＿＿＿＿＿＿＿＿＿＿＿＿＿＿＿＿＿＿＿＿＿

4　日本語の意味を表すように，（　　）内の語(句)を並べかえなさい。 　(6点×2)

(1) あなたが日本ですべきことを3つ教えましょう。

I'll tell you (Japan / you / three things / in / do / should).

I'll tell you ＿＿＿＿＿＿＿＿＿＿＿＿＿＿＿＿＿＿＿＿＿＿＿＿＿＿＿.

(2) 私にはメイと呼ばれる友達がいます。　(who / called / have / a friend / is / I) Mei.

＿＿＿＿＿＿＿＿＿＿＿＿＿＿＿＿＿＿＿＿＿＿＿＿＿ Mei.

5　(1)(2)は（　　）内の語(句)を使って日本語を英語に直しなさい。(3)は日本語の表す状況であなた
**　ならどのように言うかを，（　　）内の語(句)を使って英語で書きなさい。** 　(6点×3)

(1) 日本語と英語が彼らの話す言語です。　(the languages, speak)

＿＿＿＿＿＿＿＿＿＿＿＿＿＿＿＿＿＿＿＿＿＿＿＿＿＿＿＿＿＿

(2) 私が昨日見た映画はわくわくしました。　(the movie, yesterday)

＿＿＿＿＿＿＿＿＿＿＿＿＿＿＿＿＿＿＿＿＿＿＿＿＿＿＿＿＿＿

(3) 相手が撮った写真を見せてほしいとお願いするとき。　(show, the pictures)

＿＿＿＿＿＿＿＿＿＿＿＿＿＿＿＿＿＿＿＿＿＿＿＿＿＿＿＿＿＿

⊂⊃入試につながる

6　次の英文を読んで，あとの問いに答えなさい。 　(2点×2)　〔愛知県改題〕

　Now we live in a convenient world thanks to technology, especially communication tools. If we use our telephone, we can easily talk with a friend who (　A　) far away, and even see the face through our cell phone or computer. Such tools are so useful that it is very difficult for us to imagine our life without them.

　Cell phones and computers, however, also have bad points. For example, they do not work well when a disaster happens. We cannot contact our family if a big earthquake hits Japan and destroys the electricity networks. Our society may depend on 　①　. We need to do something for that situation.
ネットワーク

(1) （　A　）にあてはまる最も適当な語を，次の5語の中から選んで，正しい形にかえて書きなさい。

　　bring　　do　　think　　live　　take　　　　　　　　＿＿＿＿＿＿

(2) 　①　にあてはまる最も適当な英語を，次のアからエまでの中から一つ選んで，記号を○で囲みなさい。

ア　kind people even in a disaster

イ　the reality of having no serious earthquake

ウ　the network of families for a long time

エ　the convenience of the technology too much

助動詞

① 未来を表す助動詞 will と be going to

① will は話し手の意志と関係なく未来に起こることを表す！

Kate will come here soon. （ケイトはすぐにここに来ます。）

② will は「（これから）～をするつもりだ」という話し手の（その場で決めた）意志を表す！

I will not[won't] answer that question.

（私はその質問には答えません。）

③ be going to は「（すでに決まっていることについて）～するつもりだ」，「（兆候などをもとに）～をする」の意味！

We're going to have dinner together on Friday.

（私たちは金曜日，一緒に夕食を食べる予定です。）

② 助動詞は動詞の前に置いて話し手の判断や評価を表す！

基本イメージ	主な意味と用法
①能力	can「～できる」（≒ be able to） Yuta can play baseball. （裕太は野球ができます。）
②可能性	may「～かもしれない」 It may be windy tonight. （今夜は風が吹くかもしれません。）
③義務	must「～しなければならない」 You must come home early today. （あなたは今日早く帰宅しなければなりません。） have[has] to「～しなければならない」 I have to read three books by tomorrow. （私は明日までに本を3冊読まなければなりません。） should「～すべきだ，～したほうがよい」 We should be quiet now. （私たちは今静かにするべきです。）
④推量	must「～にちがいない」 The children must be hungry. （子どもたちは空腹にちがいありません。）
⑤許可／禁止	may「～してもよい」 You may use this room. （この部屋を使ってよろしい。） must not「～してはいけない」 You must not eat too much before dinner. （夕食前に食べ過ぎてはいけません。）

☆**助動詞を使うときの基本ルール**

⑴主語の人称・数に関係なく，いつも〈助動詞＋動詞の原形〉の形になる。

例 He will call you back.
（彼はあなたに電話を掛け直します。）

⑵疑問文は〈助動詞＋主語＋動詞の原形～?〉，否定文は〈助動詞＋ not ＋動詞の原形～.〉の語順。

ポイント

未来の時を表す語(句)
tomorrow（明日）
next week（来週）

② **ここに注意**

・don't[doesn't] have to ～「～する必要はない」
I don't have to get up early.（私は早く起きる必要はありません。）

・must not[mustn't]「～してはいけない」
＊禁止を表す
You mustn't be late for school.（学校に遅刻してはいけません。）

⑤ cannot / can't でも「～してはいけない」という意味を表せる。

助動詞を使った会話表現
【許可を求める】
May[Can] I ～？
（～してもよいですか。）
【依頼する】
Will[Can] you ～？
（～してくれますか。）

❶未来を表す助動詞 日本語の意味を表すように，＿＿に適切な語を入れなさい。

(1) My brother _____ be twelve years old this month. （弟は今月 12 歳になります。）

(2) I'm _____ _____ go shopping with Ted.
（私はテッドと一緒に買い物に行く予定です。）

(3) What _____ you _____ _____ do this weekend?
（今週末は何をする予定ですか。）

(4) It _____ _____ be so cold this winter. （この冬はあまり寒くないでしょう。）

(5) I _____ get you something to drink. （何か飲むものを買ってきてあげましょう。）

(6) Ken _____ _____ _____ come back to Japan in July.
（健は 7 月に日本に帰ってくる予定です。）

❷助動詞の使い分け 日本語の意味を表すように，（　　）内から適切な語(句)を選びなさい。

(1) Ms. Smith (may, can) play the guitar well. （スミス先生は上手にギターを弾けます。）

(2) You (must, may) use my cell phone. （私の携帯電話を使ってもよいですよ。）

(3) Tom (has to, can) take care of his sister. （トムは妹の面倒を見なければなりません。）

(4) You (mustn't, don't have to) forget your passport. （パスポートを忘れてはいけません。）

(5) (May, Should) I talk to you now? （今，話しかけてもよいですか。）

❸助動詞を入れる位置 日本語の意味を表すように，（　　）内の語(句)を並べかえなさい。

(1) (more books / should / read / you) next year. （あなたは来年もっと多くの本を読むべきです。）
_____ next year.

(2) (have / doesn't / go / he / to) to school tomorrow. （彼は明日学校に行く必要がありません。）
_____ to school tomorrow.

(3) (will / do / not / I / my homework) tonight. （私は今夜宿題をしません。）
_____ tonight.

第11回

⏱**速読チャレンジ** ─────────────────────────

次の英文を 1 分以内に読んで，どんな内容か考えましょう。

One day Hiroshi visited an old <u>temple</u> in Kamakura. / He was able to take some
　　　　　　　　　　　　　　　寺
photos <u>outside</u> the temple. / When he entered its <u>main building</u>, / he saw a <u>notice</u> on
　　　～の外で　　　　　　　　　　　　　　　　　　　本堂　　　　　　　　　注意書き
the wall. / It said, / "You cannot take photos <u>inside</u> this building." / He later knew / a
　　　　　　　　　　　　　　　　　　　　　　　　～の中で
<u>flash</u> from a camera can <u>damage</u> old <u>statues</u> or <u>paintings</u>.　　　　　　　（55 語）
フラッシュ　　　　　　　　　～に悪影響を与える　　彫像　　　絵画

助動詞

1 日本語の意味を表すように，次の文の(　　)内から適切な語(句)を選び，記号を○で囲みなさい。　　　　　　　　　　　　　　　　　　　　　　　　　(4点×7)

(1) Lucy（ **ア** can　**イ** has to　**ウ** may ）clean her room today.

（ルーシーは今日，部屋を掃除しなくてはなりません。）

(2) I（ **ア** will　**イ** may　**ウ** can ）be a high school student next year.（私は来年高校生になります。）

(3) You（ **ア** should　**イ** can　**ウ** will ）see a doctor.（医者に診てもらったほうがよいですよ。）

(4) Do you（ **ア** should　**イ** must　**ウ** have to ）leave home now?

（もう家を出なければならないのですか。）

(5) It（ **ア** must　**イ** may　**ウ** can ）rain this afternoon.（今日の午後は雨が降るかもしれません。）

(6) （ **ア** I should　**イ** I can　**ウ** I'll ）see you at the airport.（空港で会いましょう。）

 (7) Sam（ **ア** doesn't have to　**イ** shouldn't　**ウ** mustn't ）cook dinner today.

（サムは今日，夕食を作る必要がありません。）

2 日本語の意味を表すように，＿＿に適切な語を入れなさい。　　　　　　　　　　(5点×6)

(1) 窓を開けてくれませんか。

＿＿＿＿＿＿ ＿＿＿＿＿＿ open the window?

(2) 私のことは心配しなくていいですよ。

You ＿＿＿＿＿＿ ＿＿＿＿＿＿ to worry about me.

(3) あなたの隣に座ってもよいですか。

＿＿＿＿＿＿ ＿＿＿＿＿＿ sit next to you?

(4) ベンは図書館にいるにちがいありません。

Ben ＿＿＿＿＿＿ ＿＿＿＿＿＿ in the library.

(5) 私は上手に料理ができません。

I ＿＿＿＿＿＿ ＿＿＿＿＿＿ well.

(6) 彼らはそのレストランを見つけることができました。

They were ＿＿＿＿＿＿ ＿＿＿＿＿＿ find the restaurant.

3 各組の英文がほぼ同じ意味になるように，＿＿に適切な語を入れなさい。　　　　(6点×2)

(1) You can use the Internet for your homework.

You ＿＿＿＿＿＿ use the Internet for your homework.

 (2) Don't eat in this room.

You ＿＿＿＿＿＿ ＿＿＿＿＿＿ in this room.

4 日本語の意味を表すように，（　　）内の語(句)を並べかえなさい。　　　　　　（6点×2）

(1) 私は今日，傘を持っていきません。（ me / take / won't / my umbrella / I / with ）today.

_____ today.

(2) この本は多くの人々に読まれるべきです。

（ by / read / should / this book / be ）many people.

_____ many people.

5 (1)は（　　）内の語を使って日本語を英語に直しなさい。(2)は日本語の表す状況であなたならどのように言うかを，（　　）内の語を使って英語で書きなさい。　　　　　　（6点×2）

(1) あなたは何も買う必要はありません。（ have, anything ）

_____

(2) 大声で話す相手に注意するとき。（ you, quiet ）

_____

🔗入試につながる

6 次の英文を読んで，あとの問いに答えなさい。　　　　（3点×2）〔2020年度青森県4改題〕

Today, I'm going to talk about Japanese language, especially for foreign people. Twenty-five years ago, Japan had a disaster. Many foreign people had a hard time then because they did not understand warnings and necessary information in Japanese. Most of the words and sentences were too difficult for them. Another way was needed to have communication in Japanese. Then, *yasashii nihongo* was made to support foreign people in a disaster.

Yasashii nihongo has rules. I will tell you some of them. You should choose necessary information from various information sources. You should use easy words and make sentences short. You should not use too many *kanji* when you write Japanese. Is it difficult for you to understand these rules?

These days *yasashii nihongo* begins to spread around you. At some hospitals, doctors use it. Sick foreign people can understand the things which they should do. It is used at some city halls, too. They give information about how to take trains and buses. The information is written in *yasashii nihongo*.

(1) 本文の内容と合うように，次の質問に対する答えをそれぞれ一つの英文で書きなさい。

① Did many foreign people have a hard time in the disaster?

_____

② What can sick foreign people understand when doctors use *yasashii nihongo*?

_____

進行形・完了形

① 進行形は「ある時点で進行中の動作やできごと」を表す！

1 現在進行形は「今進行していること」！

Beth is making a cake now. （ベスは今ケーキを作っています。）
〈be 動詞 + ～ ing〉

2 過去進行形は「過去の特定の時点で進行していたこと」！

Beth was making a cake yesterday afternoon.
〈be 動詞の過去形 + ～ ing〉　　過去のある時を表す語句
（ベスは昨日の午後ケーキを作っていました。）

② 現在完了形は「過去」と「現在」を結びつけて述べる！

1 現在完了形は過去形や現在形とここが違う！

・過去や現在の単なる事実ではなく，過去と現在のつながりを表している。

（現在形＝現在の状況）**I live in Sendai.** （私は仙台に住んでいます。）

（過去形＝過去の状況）**I lived in Sendai three years ago.**
（私は 3 年前，仙台に住んでいました。）

（現在完了形）**I have lived in Sendai for three years.**
〈have + 過去分詞〉　　過去と現在のつながりを示す語句
（私は 3 年間，仙台に住んでいます。）

→「仙台に住んでいる」という状態が 3 年前から現在まで続いていることを表す。

2 現在完了進行形は過去からの「継続」を表す！

・過去のある時点から現在まで続いている動作を表している。

（現在進行形）**Becky is reading the book.**
（ベッキーは本を読んでいます。）

（現在完了進行形）**Becky has been reading the book for two hours.**
〈have[has] been + ～ ing〉
（ベッキーは 2 時間ずっと本を読んでいます。）

→「本を読む」という動作が 2 時間前から現在まで続いていることを表す。

①〈状態〉を表す一般動詞は，ふつう進行形にしない！
I know [× I'm knowing] a good restaurant around here. （私はここ周辺でよいレストランを知っています。）

②☆現在完了形の基本用法
(1) 継続：ある状態が過去から現在まで続いている
My mother has been busy since yesterday. （私の母は昨日からずっと忙しいです。）
(2) 完了：過去の時点から続いてきた動作が完了したばかりである
I have just finished my homework. （私はたった今宿題を終えたばかりです。）
(3)経験：過去から現在までの経験を表す
We have been to the U.K. twice. （私たちはイギリスに 2 回行ったことがあります。）

現在完了形とともによく使われる語
just「たった今」
for「～の間」
since「～以来，～から」
ever「今までに」
never「一度も～ない」
～ times「～回」

already と yet の使い分け
already「(主に肯定文で)すでに，もう」
yet「(否定文の中で)まだ，(疑問文の中で)もう」

❶ 現在進行形・過去進行形 （　　）内から適切な語を選びなさい。

(1) Mary is (drink, drinking) orange juice.

(2) When I came home, my brother (was, is) watching TV.

(3) What (was, were) you doing at that time? — I was reading a book in the library.

(4) Is Rika (listen, listening) to music in her room now?

(5) We (know, are knowing) your family well.

❷ 現在完了形の基本用法 日本語の意味を表すように，＿＿に適切な語を入れなさい。

(1) I ＿＿＿＿ ＿＿＿＿ in Japan for five years. （私は日本に5年間住んでいます。）

(2) Maki ＿＿＿＿ ＿＿＿＿ sick since this morning. （真紀は今朝から具合が悪いです。）

(3) We ＿＿＿＿ ＿＿＿＿ your letter ＿＿＿＿.

　　（私たちはまだあなたからの手紙を読んでいません。）

(4) Ryota ＿＿＿＿ ＿＿＿＿ to Osaka three times.

　　（亮太は大阪へ3回行ったことがあります。）

(5) ＿＿＿＿ you washed your car ＿＿＿＿? — Yes, I ＿＿＿＿.

　　（あなたはもう車を洗いましたか。— はい，洗いました。）

(6) Have you ＿＿＿＿ ＿＿＿＿ table tennis? — No, ＿＿＿＿ ＿＿＿＿ played

　　it. （あなたは今までに卓球をしたことがありますか。— いいえ，一度もしたことがありません。）

(7) I have ＿＿＿＿ ＿＿＿＿ lunch. （私はすでに昼食をとりました。）

❸ 現在完了進行形の文 日本語の意味を表すように，（　　）内の語(句)を並べかえなさい。

(1) (playing / have / the piano / I / been) for an hour. （私は1時間ずっとピアノを弾いています。）

　　＿＿＿＿＿＿＿＿＿＿＿＿＿＿＿＿＿＿＿＿＿＿＿＿＿ for an hour.

(2) (been / has / since / raining / it) this morning. （今朝からずっと雨が降っています。）

　　＿＿＿＿＿＿＿＿＿＿＿＿＿＿＿＿＿＿＿＿＿＿＿＿＿ this morning.

(3) My brother (since / watching / has / been / a baseball game) 7 p.m.

　　（私の弟は午後7時からずっと野球の試合を見ています。）

　　My brother ＿＿＿＿＿＿＿＿＿＿＿＿＿＿＿＿＿＿＿＿ 7 p.m.

第12回

❶ 速読チャレンジ ────────────────

次の英文を1分以内に読んで，どんな内容か考えましょう。

I've stayed in Tokyo for a week. / This is my first visit to Japan, / and I'm enjoying it

very much. / My friend Yasuo shows me around in Tokyo. / Tomorrow Yasuo is going
　　　　　　　　　　　　　　　～を案内して回る
to take me to the Toyosu Fish Market. / I've never seen a fish market, / so I'm looking
　　　　　　　豊洲魚市場

forward to visiting it. (53 語)

1 (　　)内から適切な語(句)を選びなさい。　　　　　　　　　　（3点×9）

(1) Paul (cleaned, is cleaning) his room now.

(2) I (have been, am going) to Kagoshima before.

(3) Has Jane arrived at the airport (soon, yet)?

(4) The train has (just, ago) left.

(5) Mr. Brown has lived in Nagoya (since, for) 2005.

(6) My sister (is, was) sleeping when I entered her room.

(7) The students have (already, soon) come back from the gym.

(8) Have you (never, ever) visited Himeji Castle?

(9) Nancy has been (using, used) the computer for two hours.

2 日本語の意味を表すように, ＿＿に適切な語を入れなさい。　　　（4点×6）

(1) 私は以前に一度も彼と話したことがありません。

I ＿＿＿＿＿＿ ＿＿＿＿＿＿ talked with him before.

(2) 今までに東京には何回行ったことがありますか。

How many ＿＿＿＿＿＿ have you ＿＿＿＿＿＿ to Tokyo?

(3) 私はちょうどあなたに電話をかけたところです。

＿＿＿＿＿＿ ＿＿＿＿＿＿ called you.

(4) あなたはそのとき何をしていましたか。

What ＿＿＿＿＿＿ you ＿＿＿＿＿＿ at that time?

(5) 彼らは長い間日本文化を学んでいます。

They ＿＿＿＿＿＿ ＿＿＿＿＿＿ learning Japanese culture for a long time.

(6) 春樹は3回スタジアムに行ったことがあります。

Haruki has been to the stadium ＿＿＿＿＿＿ ＿＿＿＿＿＿.

3 次の英文には誤りが1箇所あります。全文を正しく書き直しなさい。　　（5点×3）

(1) I haven't never eaten *daifuku*.

＿＿＿＿＿＿＿＿＿＿＿＿＿＿＿＿＿＿＿＿＿＿＿＿＿＿＿＿＿＿＿＿＿＿

(2) Beth has interested in foreign languages since last year.

＿＿＿＿＿＿＿＿＿＿＿＿＿＿＿＿＿＿＿＿＿＿＿＿＿＿＿＿＿＿＿＿＿＿

(3) Cathy hasn't already read this novel.

＿＿＿＿＿＿＿＿＿＿＿＿＿＿＿＿＿＿＿＿＿＿＿＿＿＿＿＿＿＿＿＿＿＿

4 日本語の意味を表すように，（　　）内の語(句)を並べかえなさい。　(6点×2)

(1) あなたはどのくらいの間この町に住んでいますか。

(in / you / this town / long / lived / how / have)?

_____ ?

(2) 私たちは5歳のころから友達です。

(been / since / were / friends / we / we / have) five years old.

_____ five years old.

5 (1)は（　　）内の語を使って日本語を英語に直しなさい。（　　）内の語は必要ならば形を変えること。(2)は日本語の表す状況であなたならどのように言うかを，（　　）内の語を使って英語で書きなさい。　(6点×2)

(1) 昨日からずっと雪が降っています。（ been, snow ）

_____

(2) 相手に，なくしてしまったペンを見ていないかたずねるとき。（ have, my pen ）

_____

🔗 **入試につながる**

6 次の英文は，外国語指導助手のスミス先生(Mr. Smith)が，北海道・北東北の縄文遺跡群(Jomon Prehistoric Sites in Northern Japan)について中学生に話した内容の一部です。これを読んで，あとの問いに答えなさい。　((1)2点　(2)4点×2)〔2021年度青森県改題〕

I have (live) in Aomori Prefecture for two years. One day, a Japanese teacher gave me a pamphlet about Jomon Prehistoric Sites in Northern Japan. I didn't know about them and read the pamphlet. It was written in English, so I could understand it easily. One of those sites was in this city and I wanted to see it with my own eyes.

One week later, I visited the site. I was surprised to find that people in the Jomon period made many kinds of things. Some were used in their daily lives and others were used for special purposes like rituals. All those things looked beautiful to me. When I was looking at the site, I met some local high school students. They were working as volunteer guides. They will get the chance to think about their important place from the experience.

(1) 本文中の（　　）内の語を適切な形にしなさい。　_____

(2) スミス先生の話の内容と合うように，次の質問に対する答えをそれぞれ一つの英文で書きなさい。

① Why could Mr. Smith understand the pamphlet easily?

_____

② What will those local high school students get from the experience?

_____

ヒント　6 (2)①は Why があるので理由を，②は What に相当するものを探そう。

いろいろな疑問文

① 疑問詞の意味をおさえる！

疑問詞	疑問詞がたずねているのは？
who	だれが，だれを [具体的な人] Who called me?（だれが私に電話をかけたのですか。）
whose	だれの（もの）[所有関係] Whose textbook is this? ― It's mine. （これはだれの教科書ですか。― 私のです。）
what	何が，何を [具体的なもの・事柄] What should I bring?（何を持っていけばよいですか。）
which	どちら[どれ]が，どちら[どれ]を [具体的なもの・事柄] Which is your bag?（あなたのかばんはどちらですか。）
when	いつ [具体的な時] When is your birthday?（あなたの誕生日はいつですか。）
where	どこで，どこへ [具体的な場所] Where did you buy that T-shirt? （その T シャツはどこで買ったのですか。）
why	なぜ [理由・原因] Why are you sleepy?（なぜあなたは眠いのですか。）
how	どのように [方法・様子] How do you go to school?（どのように学校に行きますか。）

② 間接疑問はひとまとまりの名詞として考える！

疑問詞疑問文　**Where are you from?**

↓ 間接疑問の中は〈S + V〉の語順！

間接疑問　**I know where you are from.**

↑ where are you from にしないように注意。

（私はあなたがどこの出身か知っています。）

③ 付加疑問文は相手に確認したり，同意を求めたりする！

・肯定文には否定，否定文には肯定の付加疑問を付ける！

You are nervous, aren't you?（あなたは緊張してますよね。）

Ken doesn't play tennis, does he?（健はテニスをしませんよね。）

④ 感嘆文は驚きや感動などの感情を表す！

How beautiful!〈How +形容詞か副詞！〉

（なんて美しいのだろう！）

What an amazing book!〈What +名詞を含む語句！〉

（なんて素晴らしい本だろう！）

①〈how +形容詞[副詞]〉の形で使われる疑問詞表現

how many
「〈数が〉いくつの」
how much
「〈値段・量が〉どのくらい」
how often
「〈頻度が〉どのくらい」
how long
「〈長さが〉どのくらい」
how far
「〈距離が〉どのくらい」

②間接疑問はいろいろな疑問詞でつくることができる。

例 Do you know what we should do?（私たちが何をすべきかを知っていますか。）

例 Please tell me how I can go to the museum.（どのようにして美術館へ行けるのか教えてください。）

●直前の動詞が過去形なら，間接疑問の中の動詞もふつう過去形になる！

例 I know where Lisa is.
→I knew where Lisa was.（私はリサがどこにいるか知っていました。）

④感嘆文は形容詞[副詞]や名詞を含む語句のあとに〈S + V〉が続くこともある。

例 How fast he runs!
　　　　副詞　S　V

（彼はなんて速く走るのだろう！）

1 疑問詞 （　　）内から適切な語を選びなさい。

(1) (When, What) do you eat for breakfast? — I usually eat pancakes.

(2) (Whose, How) umbrella is this? — It's Kate's.

(3) (When, Which) will Paul come to Japan? — In October.

(4) (Whose, Which) would you like, coffee or tea? — I'd like tea.

(5) (Why, How) do you look tired today? — Because I couldn't sleep well last night.

2 間接疑問 日本語の意味を表すように，（　　）内の語を並べかえなさい。

(1) Do you (can / see / where / I / know) pandas? （パンダがどこで見られるか知っていますか。）

Do you ＿＿＿＿＿＿＿＿＿＿＿＿＿＿＿＿＿＿＿＿＿＿ pandas?

(2) Please tell (did / what / yesterday / me / you). （昨日何をしたのかを教えてください。）

Please tell ＿＿＿＿＿＿＿＿＿＿＿＿＿＿＿＿＿＿＿＿＿＿.

(3) Let's ask Tom (looks / why / excited / he).

（なぜトムがわくわくしているように見えるのかたずねましょう。）

Let's ask Tom ＿＿＿＿＿＿＿＿＿＿＿＿＿＿＿＿＿＿＿＿＿.

3 付加疑問 次の英文を付加疑問文に書きかえるとき，＿＿に必要となる語を書き入れなさい。

(1) You can play the piano.

→ You can play the piano, ＿＿＿＿＿ ＿＿＿＿＿?

(2) Mr. Brown isn't a science teacher.

→ Mr. Brown isn't a science teacher, ＿＿＿＿＿ ＿＿＿＿＿?

(3) Lucy has a dog.

→ Lucy has a dog, ＿＿＿＿＿ ＿＿＿＿＿?

4 感嘆文 日本語の意味を表すように，＿＿に適切な語を入れなさい。

(1) ＿＿＿＿＿ delicious! （なんておいしいのだろう！）

(2) ＿＿＿＿＿ ＿＿＿＿＿ this question is! （この問題はなんて簡単なのだろう！）

(3) ＿＿＿＿＿ a big house! （なんて大きな家だろう！）

(4) ＿＿＿＿＿ ＿＿＿＿＿ interesting idea! （なんて面白いアイデアだろう！）

① 速読チャレンジ

次の英文を1分以内に読んで，どんな内容か考えましょう。

Ken became friends with Shigeru / soon after he moved to Tokyo from Sendai. / On his first day at his new school, / Ken didn't know / how he should speak to other students. / Shigeru asked Ken about his favorite sports. / Shigeru said / he was a member of the soccer team. / He said to Ken, / "How about joining our team?" （57語）

いろいろな疑問文

1 (　　)内から適切な語(句)を選びなさい。　　　　(3点×7)

(1) (When, What) color do you like?

(2) (What, How) wonderful!

(3) I don't understand (why, what) children don't like carrots.

(4) Rika told me where (did she find, she found) the cat.

(5) You don't play video games, (do you, don't you)?

(6) Meg's father was a teacher, (was he, wasn't he)?

(7) (How much, Why much) is this jacket?

2 日本語の意味を表すように，____に適切な語を入れなさい。　　　　(4点×7)

(1) あなたは何時に起きますか。

_____ _____ do you get up?

(2) マイクの誕生日がいつか教えてください。

Please tell me _____ Mike's birthday _____.

(3) あなたは1日にどのくらいの水を使っていますか。

_____ _____ water do you use a day?

(4) なんてすばらしい日でしょう！

_____ _____ beautiful day!

(5) 私はその城がいつ建てられたかを知りたいです。

I want to know _____ the castle _____ _____.

(6) リサはオーストラリア出身ですよね。

Lisa is from Australia, _____ _____?

(7) それがどのようにして起きたのか知っていますか。

Do you know _____ it _____?

3 次の英文を〔　　〕内の指示にしたがって書きかえなさい。　　　　(6点×3)

(1) What sports do you play? 〔I don't know で始まる間接疑問の文に〕

_____

(2) Becky can play tennis well. 〔付加疑問の付いた文に〕

_____

(3) How can you go to the restaurant? 〔I'll show you で始まる間接疑問の文に〕

_____

4 日本語の意味を表すように，（　　）内の語(句)を並べかえなさい。(不要な1語あり)

(1) その図書館には本が何冊ありますか。　　　　　　　　　　　　　　　　　(6点×3)

(how / are / many / much / there / in / books) the library?

_____ the library?

(2) 私はなぜ母が私にそれを言ったのか知りませんでした。

(didn't / my mother / why / did / said / know / I) that to me.

_____ that to me.

(3) 真紀はそのときどこにいたのかを教えてくれませんでした。

Maki (where / was / didn't / me / she / tell / is) then.

Maki _____ then.

5 (1)は（　　）内の語を使って日本語を英語に直しなさい。(2)は日本語の表す状況であなたならどのように言うかを，（　　）内の語を使って英語で書きなさい。　　　　　　　　　　(6点×2)

(1) あなたは今日，朝食を食べていませんよね。　(have)

_____

(2) 相手に次に何をすべきか教えてほしいとき。　(can, should)

_____

🔗 **入試につながる**

6 対話文を読んで，次の問いに答えなさい。　　　　　　　　　　(3点) 〔三重県改題〕

Ken 　　　　 : Hello, Ms. Jones.

Ms. Jones : Hi, Ken. What are you doing here?

Ken 　　　　 : I'm drawing a comic for the student from Canada, Tim.

Ms. Jones : Oh, really? (　　①　　)

Ken 　　　　 : 15 students came from Canada to my city for seven days last month, and Tim was one of them. He stayed in my house during his stay in Japan.

Ms. Jones : I see. What did you do with him?

Ken 　　　　 : We did lots of things together. I felt happy because he loved reading the comics I drew.

(1) (　①　)に入る文として，**ア〜エ**から最も適当なものを1つ選び，その記号を○で囲みなさい。

ア　What was that?

イ　When will he come?

ウ　Where was Tim?

エ　Who is Tim?

比較

① 比較の基本は「A と B を比べる」こと！

1 比較級は 2 つ［2 人］のものを比べる！

Mike is taller than Ryo.

（マイクは亮よりも背が高いです。）

2 最上級は 3 つ［3 人］以上のものの中で比べる！

Mt. Fuji is the highest mountain in Japan.

（富士山は日本で最も高い山です。）

3 比較変化にも不規則変化する語がある！

Riko plays soccer better than Meg.
└→ better は副詞 well の比較級

（理子はメグよりサッカーをするのがじょうずです。）

Riko plays soccer the best of the three.
└→ best は副詞 well の最上級

（理子は 3 人の中でサッカーをするのがいちばんじょうずです。）

② 〈as ＋原級＋ as〉は「〜と同じくらい…」という意味！

Beth runs as fast as Ken.
形は変わらない（原級）

（ベスはケンと同じくらい速く走ります。）

③ 同じ内容を別の比較構文で表せる場合がある！

Mt. Everest is higher than Mt. Fuji.

（エベレスト山は富士山よりも高いです。）

⇔ Mt. Fuji is not as high as Mt. Everest.

（富士山はエベレスト山ほど高くありません。）

Baseball is the most popular sport in our class.

（野球は私たちのクラスでもっとも人気があるスポーツです。）

⇔ Baseball is more popular than any other sport in our class.

（野球は私たちのクラスで他のどんなスポーツよりも人気があります。）

---

①① つづりの長い語の比較級は〈more ＋原級〉の形にする。

例 Which is more difficult for you, English or math?（あなたにとって英語と数学のどちらがより難しいですか。）

● 比較級のつくり方

語尾	比較級の作り方
通常	-er tall → taller
-e	-r をつける large → larger
〈子音字＋ y〉	-y → -ier busy → busier
〈短母音＋ 子音字〉	子音字を重ねて -er をつける hot → hotter

② つづりの長い語の最上級は〈most ＋原級〉の形にする。

例 This movie is the most popular of the four.（この映画は 4 つの中で最も人気があります。）

● 最上級のつくり方

語尾	最上級の作り方
通常	-est tall → tallest
-e	-st をつける large → largest
〈子音字＋ y〉	-y → -iest busy → busiest
〈短母音＋ 子音字〉	子音字を重ねて -est をつける hot → hottest

❶比較級・最上級・原級　[　　]内の語を適切な形にかえて＿＿に入れなさい。ただし，1語とは限りません。かえる必要がない場合はそのまま入れなさい。

(1)　My brother is ＿＿＿＿＿＿＿＿＿ than my father.　[tall]

(2)　This is ＿＿＿＿＿＿＿＿＿ room in my house.　[large]

(3)　Which is ＿＿＿＿＿＿＿＿＿ for you, science or math?　[interesting]

(4)　This book is ＿＿＿＿＿＿＿＿＿ in my class.　[popular]

(5)　Aya plays basketball ＿＿＿＿＿＿＿＿＿ than Natsumi.　[well]

(6)　They got up ＿＿＿＿＿＿＿＿＿ than yesterday.　[early]

(7)　I am as ＿＿＿＿＿＿＿＿＿ as Shota.　[old]

❷比較の文　日本語の意味を表すように，＿＿に適切な語を入れなさい。

(1)　I like meat ＿＿＿＿＿ ＿＿＿＿＿ fish.　(私は魚より肉が好きです。)

(2)　Who runs ＿＿＿＿＿ ＿＿＿＿＿ in your class?　(あなたのクラスでいちばん速く走る人はだれですか。)

(3)　Hiroki is ＿＿＿＿＿ ＿＿＿＿＿ tennis player in our school.
　　　(広樹は学校でいちばんじょうずなテニス選手です。)

(4)　My father cooks ＿＿＿＿＿ well ＿＿＿＿＿ my mother.
　　　(私の父は母と同じくらい上手に料理ができます。)

(5)　December is ＿＿＿＿＿ ＿＿＿＿＿ cold as February.　(12月は2月ほど寒くありません。)

(6)　Which do you drink ＿＿＿＿＿ often, coffee ＿＿＿＿＿ tea?
　　　(あなたはコーヒーと紅茶では，どちらをよりよく飲みますか。)

❸比較構文の書きかえ　各組の英文がほぼ同じ意味になるように，＿＿に適切な語を入れなさい。

(1)　Iwate is larger than Fukushima.
　　　Fukushima is ＿＿＿＿＿ ＿＿＿＿＿ large ＿＿＿＿＿ Iwate.

(2)　This baseball team is the strongest in Japan.
　　　This baseball team is ＿＿＿＿＿ than ＿＿＿＿＿ ＿＿＿＿＿ team in Japan.

(3)　The Nile is the longest river in the world.
　　　ナイル川
　　　The Nile is ＿＿＿＿＿ than ＿＿＿＿＿ ＿＿＿＿＿ river in the world.

⏱️❶速読チャレンジ ───────────────────────────────

次の英文を1分以内に読んで，どんな内容か考えましょう。

The Shinkansen trains run the fastest of all the trains in Japan. / The Tokaido Shinkansen began its service in 1964. / It was just before the Tokyo Olympic Games. / At that time, / the fastest speed of the "Hikari" Shinkansen train was 210 kilometers per hour. / The "Hikari" was faster than any other train in the world.　(55語)
時速〜キロメートル

比較

1 （　　）内から適切な語(句)を選びなさい。　　　　　　　　　　　　　　　　　　　　（4点×5）

(1)　That bag looks (good, better) than this one.

(2)　Yuri is the youngest (in, of) her family.

(3)　Can Takuya play baseball the best (of, in) all the members?

(4)　What is the (most expensive, expensive) thing in this store?

(5)　I am as (hungrier, hungry) as a bear!

2 日本語の意味を表すように，＿＿に適切な語を入れなさい。　　　　　　　　　　　　　（6点×4）

(1)　もっとゆっくり話してくれませんか。

　　　Can you speak ＿＿＿＿＿＿ ＿＿＿＿＿＿?

(2)　私はリサと同じくらいじょうずにギターを弾けます。

　　　I ＿＿＿＿＿＿ play the guitar ＿＿＿＿＿＿ ＿＿＿＿＿＿ as Lisa.

(3)　田沢湖は日本で最も深い湖です。

　　　Lake Tazawa is ＿＿＿＿＿＿ ＿＿＿＿＿＿ lake in Japan.

(4)　こちらは京都で最も古い寺の1つです。

　　　This is one of ＿＿＿＿＿＿ ＿＿＿＿＿＿ temples in Kyoto.

3 次の英文を [　　] 内の指示にしたがって書きかえなさい。　　　　　　　　　　　　（6点×3）

(1)　Aya sings the best in our class. [singer を用いて，ほぼ同じ内容の文に]

　　　_____

(2)　This car runs the fastest in the world. [any other を用いて，ほぼ同じ内容の文に]

　　　_____

(3)　I like apples better than bananas. [as を用いて，ほぼ同じ内容の文に]

　　　_____

4 日本語の意味を表すように，（　　）内の語(句)と符号を並べかえなさい。　　　　　　（6点×2）

(1)　英語を話すことと書くことでは，どちらがより難しいですか。

　　　(difficult / is / speaking English / more / which / ,) or writing it?

　　　_____ or writing it?

(2)　あなたにとっていちばん大切なものは何ですか。

　　　(important / you / is / most / for / thing / what / the) ?

　　　_____ ?

5 (1)(2)は（　　）内の語を使って日本語を英語に直しなさい。(3)は日本語の表す状況であなたなら
　どのように言うかを，（　　）内の語を使って英語で書きなさい。　　　　　　　　　(6点×3)

(1)　私の部屋はあなたのほど大きくありません。（ large ）

_____

(2)　このコンピュータは4つの中で最も役に立ちます。（ useful ）

_____

 (3)　店でTシャツを選んでいて，店員にもっと小さいものを見せてほしいとき。（ can, one ）

_____

🔗**入試につながる**

6 由香(Yuka)と留学生のメアリー(Mary)は，夏休みに鹿児島県に行く計画を立てています。
　由香とメアリーのそれぞれが良いと考えている計画として最も適切なものを，ア〜エの中から
　一つずつ選び，その符号を書きなさい。　　　　　　　　　　　(4点×2)〔岐阜県改題〕

Mary : I'm so excited to go to Kagoshima. I found some plans to get there. Look at this,
　　　　Yuka.

Yuka : Let me see. This is very cheap. But if we take a bus, it takes very long to get there.

Mary : That's true. I don't want to sit on the bus for more than 10 hours!

Yuka : I like to travel by plane. Oh, there are two ways to get there by plane. Well, this is
　　　　the best plan for me because it takes the shortest time to get to Kagoshima. What do
　　　　you think, Mary?

Mary : That's good, but I think this one is the best. It is cheaper than going there by plane.

Plan	Start	Arrive	From Gifu to Kagoshima	How much?
ア	6:30 a.m.	12:30 p.m.	Gifu Station ▬▬ Nagoya Station ━━ Nagoya Airport ═══ Fukuoka Airport ▬▬ Hakata Station ▬▬ Kagoshima Chuo Station	37,860 yen
イ	1:30 p.m.	5:30 p.m.	Gifu Station ▬▬ Nagoya Station ▬▬ Chubu International Airport ═══ Kagoshima Airport ━━ Kagoshima Chuo Station	34,610 yen
ウ	1:10 p.m.	6:50 p.m.	Gifu Station ▬▬ Nagoya Station ▬▬ Hakata Station ▬▬ Kagoshima Chuo Station	24,730 yen
エ	7:40 p.m.	11:10 a.m.	Gifu Station ▬▬ Nagoya Station ━━ Kagoshima Chuo Station	16,670 yen

Train ▬▬　　Bus ━━　　Plane ═══
　　　　　　　　(Airplane)　　　　Yuka's plan: _____　　　Mary's plan: _____

第 **15** 回 ステップ **1**

仮定法

解答 **別冊** p.32〜33

① 仮定法は，現実とちがうことを仮定する表現！

① ふつうの文	② 仮定法の文
I don't have an umbrella with me.	I wish I had an umbrella with me.
「私は傘を持っていません。」	「私が傘を持っていればなあ。」

→「傘を持っていない」という現実に反して，「持っていればいいのに」という「願望」を表している。動詞は have → had と過去形にする。

② wish を使って願望を表す！

①〈I wish (that) ＋ 主語 ＋ (助)動詞の過去形〜 .〉

I wish we could buy a large house.（大きな家を買えたらいいのに。）
　　　　　　→助動詞 can の過去形 could
＊現実は大きな家を買えないが，「買えたらいいのに」という願望を表す。

②〈I wish (that) ＋ 主語 ＋ were 〜 .〉

I wish I were a doctor.（私が医者であればなあ。）
　　　　　　→過去形
＊現実は医者ではないが，「医者であればなあ」という願望を表す。

③ if を使って仮定する！

①〈If ＋ 主語 ＋ 動詞の過去形 ...，主語 ＋ 助動詞の過去形 ＋ 動詞の原形〜 .〉

If I lived in Italy, I could eat delicious pizza.
　　　→動詞の過去形　　　→助動詞 can の過去形 could
　　（もしイタリアに住んでいれば，おいしいピザが食べられるのに。）
＊「(イタリアに住んでいないが)もし住んでいれば」と仮定している。

②〈If ＋ 主語 ＋ were ...，主語 ＋ 助動詞の過去形 ＋ 動詞の原形〜 .〉

If it were sunny today, I would go to the park.
　　　→過去形　　　　　　　→助動詞 will の過去形 would
　　　　　　　　　　（もし今日晴れていれば，公園に行くのに。）

＊「(今日は晴れていないが)もし晴れていれば」と仮定している。

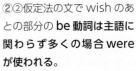

②②仮定法の文で wish のあとの部分の be 動詞は主語に関わらず多くの場合 were が使われる。
[例] I am not a doctor.（私は医者ではありません。）→（仮定法の文）I wish I were a doctor.

③ if のある文では，単なる〈条件〉を表す文なのか，仮定法の文なのかに注意。
[例] If you come to Japan, you can stay with us.（あなたが日本に来れば，私たちと滞在してよいですよ。）→「もし〜ならば」という〈条件〉を表す文。
[例] If I were you, I would talk to her.（もし私があなたなら，彼女に話しかけるのに。）→「(自分が)あなたなら」という，現実とは異なることを仮定している。
②仮定法の文で if に続く be 動詞は主語に関わらず多くの場合 were が使われる。
If it is sunny tomorrow, I will go to the park.（明日晴れたら，私は公園に行きます。）
→（仮定法の文）If it were sunny today, I would go to the park.

☆仮定法でよく使われる助動詞の過去形
could ＜ can
would ＜ will

❶ 仮定法の形　（　　）内から適切な語を選びなさい。

(1) I wish I (have, had) a sister.

(2) Mary said, "I wish I (could, can) stay in Japan."

(3) If I (had, have) a computer, I would use it every day.

(4) If I (am, were) you, I would use a map.

(5) If it were sunny today, I (would, will) play soccer with Ken.

❷ 仮定法の意味　日本語の意味を表すように，＿＿に適切な語を入れなさい。

(1) I _____ I _____ a lot of money. 〔たくさんお金を持っていればなあ。〕

(2) If I _____ near the museum, I _____ go there every day.
〔もし私が美術館の近くに住んでいれば，そこへ毎日行くのに。〕

(3) I _____ it _____ Friday today! 〔今日が金曜日だったらなあ。〕

(4) If Tom _____ here, he would help me. 〔もしトムがここにいれば，私を助けるだろうに。〕

(5) I _____ I _____ his phone number. 〔彼の電話番号を知っていればなあ。〕

(6) If I _____ sick today, I _____ go shopping with you.
〔もし今日具合が悪くなければ，あなたと買い物に行けるのに。〕

❸ 仮定法の文の語順　日本語の意味を表すように，（　　）内の語を並べかえなさい。

(1) (told / wish / me / I / you) your birthday. 〔あなたが私に誕生日を教えてくれたらなあ。〕
_____ your birthday.

(2) (today / were / if / snowy / it), I would go skiing.
〔もし今日雪が降っていれば，スキーに行くのに。〕
_____, I would go skiing.

(3) If I had more time, (could / more / I / sleep). 〔もしもっと時間があれば，もっと寝られるのに。〕
If I had more time, _____.

❶ 速読チャレンジ ─────────────────────────────

次の英文を 1 分以内に読んで，どんな内容か考えましょう。

My brother is a high school student. / He gets up early every day / and goes to school by bus. / Buses from our town / only run every two hours, / so he shouldn't be late. / Yesterday, / he got up late / and almost missed the bus! / When he left the house, / he said, / "Oh, I wish I could drive a car!"　　　　　(58 語)

第15回

仮定法

1 （　　）内から適切な語を選びなさい。 (4点×7)

(1) If you (are, were) a teacher, you would be loved by students.

(2) I wish there (are, were) more animals in this zoo.

(3) I wish I (were, are) rich like famous actors.

(4) If you had a lot of money, what (would, will) you buy?

(5) Can you come to the party? — I wish I (can, could), but I can't.

(6) If I (know, knew) your address, I would send you a Christmas card.

(7) I wish we (could, can) stay longer, but we have to go now.

2 日本語の意味を表すように、＿＿に適切な語を入れなさい。 (4点×7)

(1) 私が今日忙しくなかったらなあ。

I _____ I _____ busy today.

(2) もし彼女が歌手なら、有名になるだろうに。

If she _____ a singer, she _____ be famous.

(3) もし今日宿題がなければ、テレビゲームができるのに。

If I _____ have homework today, I _____ play video games.

(4) 1日が48時間あればなあ。

I _____ there _____ 48 hours in a day.

(5) 私がもっと若ければ、もっと速く走れるだろうに。

If I _____ younger, I _____ run faster.

(6) 誰か私にあの腕時計を買ってくれればなあ。

I wish someone _____ _____ that watch for me.

(7) もし木がなかったら、何が起こるでしょうか。

If there _____ no trees, what _____ happen?

3 次の会話が成り立つように、＿＿に適切な語を入れなさい。 (4点×3)

(1) A: I _____ my sister _____ in Japan. She is in the U.K. now.

B: I know! She always helps us.

(2) A: Are you going to go fishing today?

B: No. It's rainy here. I wish _____ _____ sunny today!

(3) A: I am in Tokyo now. Do you know any good places to go?

B: _____ I _____ you, I would go to Harajuku.

4 日本語の意味を表すように，（　　）内の語を並べかえなさい。（1語不要）　　　　（4点×2）

(1) 勉強する時間がもっとあったらなあ。

(study / had / to / wish / more / have / I / I / time).

_____.

(2) もし今日が日曜日だったら，何をしますか。

(what / do / Sunday / is / were / you / if / would / today / ,)?

_____?

5 (1)は（　　）内の語を使って日本語を英語に直しなさい。(2)は日本語の表す状況であなたならどのように言うかを，（　　）内の語を使って英語で書きなさい。　　　　（6点×2）

(1) 3か国語を話せたらなあ。（ wish, languages ）

_____

(2) 具合の悪い相手に，「私があなたなら，医者に診てもらいます。」と助言をするとき。

(you, see)

_____

⊖⊃入試につながる

6 次の英文を読んで，あとの問いに答えなさい。　　　　（4点×3）〔静岡県改題〕

Judy : Where did you get the beautiful postcard?
　　　　　　　　　　　　　　　　　　　　　　はがき

Kyoko : I made it at a history museum.

Judy : Do you mean you made *washi* by yourself?
　　　　　　　　　　　　　　　　　　（あなたが）自分で

Kyoko : ＿＿A＿＿ I made a small size of *washi*, and used it as a postcard.

Judy : Wonderful! But making *washi* isn't easy. (　　　　) I were you, I would buy postcards at shops.

Kyoko : Well … You love traditional Japanese things, so I wanted to make a special thing for you by using *washi*. It was fun to think about how I could create a great *nengajo*.

(1) 会話の流れが自然になるように，本文中の＿＿A＿＿の中に補う英語として，**ア〜ウ**の中から最も適切なものを1つ選び，記号を○で囲みなさい。

ア That's right.　　**イ** Did you?　　**ウ** I don't think so.

(2) 本文中の（　　）の中に補う英語として，**ア〜エ**の中から最も適切なものを1つ選び，記号を○で囲みなさい。

ア Because　　**イ** When　　**ウ** If　　**エ** Before

(3) 本文の内容に合うように，以下の質問に3語以上の英語で答えなさい。

Does Judy like traditional Japanese things very much?

_____

英作文にチャレンジ

❶ あなたは英語の授業で，あなたがいちばん好きな季節について英語で書くことになりました。あなたがいちばん好きな季節を1つ取り上げ，それを取り上げた理由を含めて，3つの英語の文で書き表しなさい。

▶ この問題のポイント

① 自分がいちばん好きな季節を書く。

例　・春　・秋

（使える表現）

I like ☐ the best.

My favorite season is ☐.

（ここに注意）

1文目で，いちばん好きな季節をはっきりさせる。
× I like a warm season.
だと，具体的にどの季節がいちばん好きなのかがわからず減点となる。

② その季節がいちばんよいと思う理由を書く。

例　・花がきれいだ。
　　・花火を楽しめる。
　　・食べ物がおいしい。
　　・スキーを楽しめる。

（使える表現）

I like ☐ the best because it 〜.

I can enjoy 〜 in ☐.

〜 is very beautiful in ☐.

（ここに注意）

2文目では，指示の通りその季節が好きな理由となることをはっきりさせる。
× Fall is a good season.
だと，秋の何がよくて好きなのかがわからず減点となる。

③ 締めの文を書く。

例　・毎年その季節にしていることを書く。
　　・その季節に楽しめることを勧める。
　　・追加の理由を書く。

（使える表現）

I 〜 in ☐.

Why don't you 〜 in ☐?

Let's 〜 in ☐.

Also, I can 〜 in ☐.

（ここに注意）

3文目では，いちばん好きな季節に関連する内容を書く。
× Summer is the hottest season of the four.
だと，自分がその季節が好きであることと関連がなく3つの文のつながりが不自然なため減点となる。

問題を解く手がかりをつくろう。　　　　　　　　　　↲自分の場合を書いてみよう。

1.	（例）　春がいちばん好きだ。	
2.	（例）　きれいな花を楽しむことができる。	
3.	（例）　今度の春に花を見て楽しもう。	

＜英作文で使える文法＞最上級

3人[3つ]以上の人[もの]，集団・範囲内で比較して「いちばん〜」と言うときに使う。

例 Ken plays soccer <u>the</u> best of the three.　　　（ケンは3人の中で最も上手にサッカーをします。）

　　Cherry blossoms are <u>the</u> most popular flower in Japan.　　　（桜は日本で最も人気のある花です。）

英語で書いてみよう。

（解答例）

I like spring the best.

I like it the best because flowers are very beautiful.

Let's enjoy seeing flowers next spring.

2 あなたは，自分にとっていちばんおもしろいと思う教科を英語でクラスメートに紹介します。自分がいちばんおもしろいと思う教科を1つ取り上げ，その理由やおもしろさなどを含めて，20〜25語で書きなさい。

英作文にチャレンジ

解答 別冊 p.34

1 あなたはやってみたいボランティア活動について英語で書くという宿題に取り組んでいます。あなたがやってみたい活動を1つ取り上げ,その理由や目的などを含めて3つの英語の文で書き表しなさい。

この問題のポイント

① 自分がボランティアでやってみたい活動を書く。

例　・公園の清掃　・高齢者の手助け　・子供の世話

（使える表現）

I want to ～.

I am interested in ～.

I decided to ～.

（ここに注意）

1文目で,自分が希望する活動をはっきりさせる。

×I am interested in volunteer work.

だと,具体的な活動の内容がわからないので減点となる。

② 自分のしたい活動について説明する。

例　・その活動をしたい理由を書く。

　　・その活動をする目的を書く。

　　・その活動に興味を持ったきっかけを書く。

（使える表現）

I will ～ because ....

I will ～ to ....

I found that ～.

（ここに注意）

2文目では,その活動をやりたいと思う理由・目的・きっかけなどをはっきりさせる。

×I think volunteer work is important.

だと,自分がやりたいと思う活動との関連がはっきりしないので減点となる。

③ 締めの文を書く。

例　・活動の意義を書く。

　　・活動によって達成しようとしている目標を書く。

　　・活動に関する将来の希望を書く。

（使える表現）

If I ～ , ... will be happy.

I can ～ through the activity.

I am going to ～ to ....

I will be happy if ～.

I hope that ～.

（ここに注意）

最後に,その活動の意義や目標などをはっきりさせる。

×I want to work for elderly people, too.

「やってみたい活動を1つ」という条件に合っていないので減点となる。

問題を解く手がかりをつくろう。　　　　　　　　↳自分の場合を書いてみよう。

1.	（例）　近所の公園の清掃をしたい。	
2.	（例）　その公園はいつも汚いので。	
3.	（例）　町中の公園がきれいになるとよい。	

＜英作文で使える文法＞不定詞

〈to ＋動詞の原形〉で「〜すること」，「〜するために」，「〜するための」などの意味を表す。

例 I want to climb Mt. Fuji.（私は富士山に登りたい。）

　I bought this book to study history.（私は歴史を勉強するためにこの本を買いました。）

英語で書いてみよう。

（解答例）

I want to clean the park near my house.

The park is always dirty, so I want to clean it.

I hope that all parks in my town will be clean.

2 あなたは，将来の目標について英語で発表することになりました。自分がしようと思っていることを１つ取り上げ，その理由や目的などを含めて，30 語程度で書きなさい。

1 次の英文は，高校1年生の生徒が，英語の授業について書いた感想です。 (1) ～ (3) に入る英語を，あとの語群から選び，必要に応じて適切な形に変えたり，不足している語を補ったりして，英文を完成させなさい。ただし，2語以内で答えること。　　　　(4点×3) 〔兵庫県〕

Our class had a speech contest. Before the contest, I needed (1) very hard for it. I felt relaxed when I finally (2) making my speech during the contest. By (3) to the speeches of my classmates, I learned how to make a better speech for the next time.

finish	get	listen	practice	receive

(1)		(2)		(3)	

2 次の(1)～(4)の対話が完成するように，（　　）内の六つの語の中から五つを選んで正しい順番に並べたとき，その（　　）内で3番目と5番目に来る語の記号をそれぞれ答えなさい。（それぞれ一つずつ不要な語があるので，その語は使用しないこと。）　　　　(5点×4) 〔神奈川県〕

(1) *A:* Sayaka, (ア eat　イ what　ウ you　エ food　オ like　カ do) the best?

　　B: I like *sushi* the best.

(2) *A:* How was your weekend?

　　B: I went to the zoo with my family. My sister (ア the　イ see　ウ at　エ looked　オ happy　カ to) animals there.

(3) *A:* Happy birthday, Ayako! This is a present for you.

　　B: Thank you, Mom. It's wonderful. I've wanted (ア something　イ watch　ウ a　エ like　オ have　カ to) this.

(4) *A:* Do you know the (ア the　イ girl　ウ tall　エ of　オ name　カ about) singing under the tree?

　　B: Yes. Her name is Maiko.

(1)	3番目　　　　　5番目	(2)	3番目　　　　　5番目
(3)	3番目　　　　　5番目	(4)	3番目　　　　　5番目

3 次の対話文は，高校生で新聞部員の Ayumi が，学校新聞(school newspaper)の記事を作るために，外国語指導助手(ALT)の White 先生に，インタビューをしているときのものです。

対話文を読んで，あとの各問いに答えなさい。　〔三重県改題〕

Ayumi: Good afternoon, Mr. White. My name is Ayumi, and I'm in the newspaper club. I'd like to write about you for our school newspaper, so（　　①　　）

Mr. White: Of course, Ayumi.

Ayumi: When did you come to Japan?

Mr. White: I came to Japan about two years ago, and I have lived in Minami Town since then.

Ayumi: I see. Do you enjoy living in this town?

Mr. White: Yes. I have a lot of Japanese friends and have a good time with them. It's a wonderful experience for me to teach Japanese students English at school, too.

Ayumi: That's good. I like your English classes. I think I have improved my English little by little. Then, let's change the topic. Could you tell me about your hobby?

Mr. White: Well, my hobby is running. I started running when I was a college student in Australia. Now I run before breakfast every morning.

Ayumi: Wow, every morning? It's difficult for me to run every morning.

Mr. White: Actually, running in this town is a lot of fun for me because I can see many kinds of flowers of each season.

Ayumi: Are they the flowers on the street along the river?

Mr. White: Yes, they are.

Ayumi: Volunteers living in this town grow the flowers, and my mother is one of them. So she will be very happy to hear that.

Mr. White: I hope so.

Ayumi: Thank you for your time, Mr. White. <u>I want to tell students in the next school newspaper why you enjoy running in Minami Town.</u>

Mr. White: I'm looking forward to reading it.

Ayumi:（　　②　　）

（注）little by little　少しずつ　　topic　話題　　hobby　趣味　　grow 〜　〜を育てる

(1)（　①　），（　②　）に入るそれぞれの文として，ア〜エから最も適当なものを1つ選び，その記号を書きなさい。　　　　　　　　　　　　　　　　　　　　　　　　　　　　　（5点×2）

①　ア　how can I answer your questions?　　②　ア　I hope you'll like it.

　　イ　may I ask you some questions?　　　　　　イ　I'm sorry to hear that.

　　ウ　shall I answer your questions?　　　　　　ウ　I don't have to look at it.

　　エ　what questions should I ask you?　　　　　エ　I know you understood it.

(2)　下線部に I want to tell students in the next school newspaper why you enjoy running in Minami Town. とあるが，Mr. White がみなみ町（Minami Town）を走ることを楽しんでいる理由を，具体的に日本語で書きなさい。 (7点)

(3)　対話文の内容に合う文として，ア～エから最も適当なものを1つ選び，その記号を書きなさい。 (6点)

ア　Ayumi asked Mr. White to write about his hobby in English for the school newspaper.

イ　When Mr. White was a college student in his country, he wasn't interested in running.

ウ　Ayumi's mother is one of the volunteers growing flowers on the street along the river.

エ　When Ayumi was taking care of the flowers on the street along the river, she met Mr. White.

		(1)	①		②	
(2)					(3)	

4 次は，中学生の Daisuke が書いた英文です。これを読んで，(1)～(5)の問いに答えなさい。

〔埼玉県 2022 年度公立高校入試問題〕

I am a junior high school student and I love music. But I couldn't play instruments well until recently. One day, I had a chance to try a guitar in music class at school. One of my friends, Aki, and I made a pair and we practiced with one guitar. Aki played the guitar well because she learned the guitar when she was an elementary school student. ☐ A ☐ Then, our music teacher, Mr. Kishi, gave me some advice for playing the guitar.

After coming back home, I said to my mother, "I practiced the guitar but I couldn't play it well yet." "Oh, I see. Do you want to try my guitar? I (　　　　) the guitar I played when I was young," my mother said. I didn't know that my mother could play the guitar, so I was surprised to hear that. She smiled and brought the guitar from her room and gave it to me. ☐ B ☐ "Can I play this?" I asked. "Of course!" said my mother. Thanks to my mother's help and Mr. Kishi's advice, I started to get better.

At the next music class, I did my best to play the guitar, but I made some mistakes. Mr. Kishi and the other students were surprised because I improved a lot since last time. Now, I have a new goal. ☐ C ☐ I am going to play the guitar with Aki at the school festival. We 〔been / have / the / practicing〕 guitar together every day after school.

（注）instrument　楽器　　recently　最近　　make a pair　ペアをつくる

advice　助言　　thanks to ～　～のおかげで

(1) 本文中の　A　～　C　のいずれかに，But it was very difficult for me to play it well. という1文を補います。どこに補うのが最も適切ですか。　A　～　C　の中から一つ選び，その記号を書きなさい。 (6点)

(2) 下線部について，(　　)にあてはまる最も適切なものを，次のア～エの中から一つ選び，その記号を書きなさい。 (5点)

　ア　always break　　イ　often forget　　ウ　still have　　エ　should make

(3) 〔　　〕内のすべての語を，本文の流れに合うように，正しい順序に並べかえて書きなさい。 (5点)

(4) 本文の内容に関する次の質問の答えとなるように，(　　)に適切な語を書きなさい。 (7点)

Question：Why was Daisuke surprised when he was talking with his mother?

Answer：Because he heard that she could (　　　　　　　　　　　　　　　　　　).

(5) 本文の内容と合うものを，次のア～ウの中から一つ選び，その記号を書きなさい。 (6点)

　ア　Daisuke couldn't play any instruments because he didn't like music.

　イ　Daisuke used the guitar that his mother brought from her room to practice.

　ウ　Aki couldn't play the guitar well because Daisuke brought the school guitar to his house.

		(1)		(2)	
(3)					
(4)				(5)	

---

5 **百合 (Yuri) とジョン (John) の会話に関する，(1)，(2)の問いに答えなさい。** (8点×2) 〔静岡県〕

(1) 次の　　　　　　　において，(　　)内に示されていることを伝える場合，どのように言えばよいか。　　　　　　　の中に，適切な英語を補いなさい。

Yuri: Hey, John! A new student will come to our school from Tokyo!

John: Oh, really? 　　　　　　　(それは初耳だよ。)

(2) 会話の流れが自然になるように，次の　　　　　　　の中に，7語以上の英語を補いなさい。

John: Your mother said *Hinamatsuri* was coming soon. What is *Hinamatsuri*?

Yuri: 　　　　　　

John: I see. Thank you for telling me.

(1)	
(2)	

時間 **50** 分　目標 **70** 点

得点　　点

解答 別冊 p.41〜46

1 次の(1)〜(3)は，それぞれ A と B の対話です。（　　）に入る最も適当なものを，ア〜エの中からそれぞれ一つずつ選びなさい。　　(5 点× 3)〔福島県〕

(1) 〔*In a party*〕

A: Wow! Your bag is really pretty.

B: Thanks. This is (　　). I borrowed it from her today.

ア　mine　　イ　yours　　ウ　my sister's　　エ　my bag

(2) 〔*In the morning*〕

A: Oh, I'll be late! I need more time to eat breakfast.

B: Get up earlier, (　　) you'll have more time.

ア　and　　イ　or　　ウ　but　　エ　that

(3) 〔*In a classroom*〕

A: Hi, my name is Yumi. If you have any questions, (　　).

B: Thank you. I'm John. Well, could you tell me how to get to the computer room?

ア　you will play the guitar with me　　イ　please feel free to ask me

ウ　I would get along with you　　エ　let me give you some examples

(1)		(2)		(3)	

2 次の各問いは，それぞれある場面での会話文です。2 人の会話が交互に自然につながるようにア〜ウの文を正しく並べ替え，その並べ替えた順に記号をすべて書きなさい。　(5 点× 2)〔沖縄県改題〕

(1) When is your birthday, Ken?

ア　Yes. That's right.

イ　It's November 25th.

ウ　Wow, it's just one month before Christmas!

(2) Hi. Can I help you?

ア　Sounds good. Can I try them on?

イ　Well, we have three kinds of white ones.

ウ　Yes, please. I'm looking for white tennis shoes.

(1)	→　　→	(2)	→　　→

3 次のゴミ収集カレンダー (Trash Collection Calendar) を見て，下の(1)，(2)の質問の答えとして最も適当なものを，ア〜エの中から一つずつ選び，記号で答えなさい。(6点×2) 〔島根県改題〕

(1) Which mark shows 'garbage that cannot be burned'?

 ア ◯ イ △ ウ ✧ エ ☐

(2) Which is true about the calendar?

 ア 'Garbage that can be burned' is collected eight times in March.

 イ Old newspapers and old clothes are collected once a month.

 ウ We should bring plastic bottles to the recycling station on Mondays.

 エ Trash should not be taken out until 8:30 in the morning.

(1)		(2)	

4 次の英文は，和也 (Kazuya) が英語の時間に発表したものである。これを読んで，(1)〜(6)の問いに答えなさい。 〔愛媛県〕

 What do you want to do in the future? (A)<u>What ( ) of person do you want to be?</u> Today, I will talk about three people.

 The first person is my uncle. He works at a hospital as a children's doctor. Why did he decide to be a children's doctor? One day, when he was a junior high school student, he learned on TV that so many children around the world could not get medical treatment at hospitals because they were poor. He said to me, "No one thought I would become a doctor. But I studied very hard." After he graduated from high school, he [(B)] his job. He also said, "I remember all the children who were in my hospital. I need to study harder to be a better doctor, and I will help more children." I hear that he will work abroad in the future. I think that he will help many sick children all over the world.

The second person is a woman who was born in America about 150 years ago. When I was ten years old, I went to an elementary school in Colorado, America. One day, our teacher told us about a black woman. Her father and mother were enslaved. Many black people had to live like them in America at that time. I was very surprised to hear that. Her father and mother escaped and became free. After that, she was born. When she was a small child, she wanted to be like her mother. Her mother was a nurse. She often visited sick people with her mother. She was a very good student at school. She studied very hard. Finally, she graduated from medical college. That was about 120 years ago. A few years later, she moved to Colorado. She became the first black woman doctor in Colorado. She helped sick people there for fifty years.

The third person is a girl ⬚(C)⬚ in Jharkhand, India. I learned about her on the Internet. She is thirteen years old. Her dream is to be a doctor. But some people who live near her house, especially old people, want her to get married before her eighteenth birthday. In Jharkhand, about 40% of girls get married before the age of eighteen. She works on children's problems in India and tries to find ways to make her country better. She often tells her friends to study with her. She says that they can change their futures if they study harder. She gets up at three thirty every morning and studies hard to fulfill her dream. Her father says, "Studying hard is good. I am proud of her." She is glad to hear that. She says, "I have a dream. ⬚(D)⬚ " I think that she is now studying very hard.

In the future, I want to be a doctor and work abroad. Like these three people, I want to be kind to other people and study hard to fulfill my dream. I think that a lot of sick children need someone who gives them support. I hope that I can give (E)them medical treatment. So I study very hard every day, especially English. I can work with more people around the world if I use English. Everyone can help someone who needs support. I believe that the world will be a better place if people help each other.

(注)　medical treatment　治療　　no one 〜　だれも〜ない　　graduate　卒業する
　　　　Colorado　コロラド州　　black　黒人の　　enslave 〜　〜を奴隷にする
　　　　escape　逃れる　　nurse　看護師　　medical college　医学部
　　　　Jharkhand　ジャールカンド州　　India　インド　　get married　結婚する
　　　　age　年齢　　work on 〜　〜に取り組む　　fulfill 〜　〜を実現する
　　　　be proud of 〜　〜を自慢に思う　　support　支援

(1)　本文中の(A)について，（　　）に英語１語を入れて文を完成させるとき，（　　）に入れるの

に適当な1語を，最後の段落の文中から，そのまま抜き出して書け。ただし，その1語は，最後の段落の文中では，異なった意味で使用されている。 (6点)

(2) 本文中の(B)，(C)に入る英語として最も適当なものを，次の中から一つずつ選び，それぞれ正しい形の1語に直して書け。 (3点×2)

agree choose finish live miss turn watch

(3) 本文中の(D)に当てはまる最も適当なものを，次のア〜エの中から一つ選び，その記号を書け。 (7点)

ア No one can stop it. イ Everyone can change it.

ウ I cannot follow it. エ My father cannot understand it.

(4) 本文中の(E)が指すものを，5語で本文中からそのまま抜き出して書け。 (6点)

(5) 本文中に書かれている内容と一致するものを，次のア〜キの中から二つ選び，その記号を書け。 (7点)

ア Kazuya's uncle works on children's problems as an English teacher.

イ Kazuya's uncle has worked very hard to make his hospital bigger.

ウ The woman in America went to Colorado when she was ten years old.

エ The woman in America worked as a doctor in Colorado for fifty years.

オ The girl in India gets up early and studies hard to become a doctor.

カ The girl in India is proud of her father because he was a good student.

キ Kazuya hopes that the world will be better through teaching English.

(6) この発表の題名として最も適当なものを，次のア〜エの中から一つ選び，その記号を書け。

(6点)

ア My Favorite Uncle イ My Favorite Country

ウ My Future Dream エ My Future Family

(1)			(2)	(B)		(C)	
(3)		(4)					

	(5)			(6)	

5 あなたは，英語の授業で，自分の関心のあることについて発表することになり，次のメモを作成しました。メモをもとに，原稿を完成させなさい。原稿の ① ， ② には，それぞれメモに即して，適切な英語を書きなさい。また， ③ には，【あなたが参加したいボランティア活動】を A または B から1つ選んで符号で書き，【その理由】について，あなたの考えを，次の《注意》に従って英語で書きなさい。

《注意》・文の数は問わないが，10語以上20語以内で書くこと。

・短縮形(I'm や don't など)は1語と数え，符号(, や . など)は語数に含めないこと。

(①，② 8点×2，③ 9点)〔岐阜県〕

＜メモ＞

　(導　　入)　先週，ボランティア活動についてのポスターを見た。

　　　　　　　長い間ボランティア活動に興味があったので参加したい。

　(活動内容)　A　公園でゴミを拾う。

　　　　　　　B　図書館で，子どもたちに本を読む。

　【あなたが参加したいボランティア活動とその理由】

　　　　　　　　　　　　あなたの考え

　(まとめ)　　参加の呼びかけ

＜原稿＞

　Last week, I saw a poster about volunteer activities.　I'd like to join one of them because ① _____ volunteer activities for a long time.

　In the poster, I found two different activities, A and B.　If I choose A, I will pick up trash in the park.　If I choose B, I will ② _____.　I want to join ③ _____ Would you like to join me?　　　　　　　(注)　pick up trash　ゴミを拾う

---

①	
②	
③	符号： あなたの考え：

ホントにわかる
中学3年間の総復習
英語

解答と解説

新興出版社 shinko publishing

主語と動詞

ステップ 1

❶ (1) I live　(2) the store opens　(3) We, get

❷ (1) is　(2) Are, am　(3) is not　(4) were

❸ (1) Becky makes dinner (for her family.)

　(2) I don't read comic books (so often.)

　(3) Do you practice the piano (every day?)

　(4) Does your father come home (late? ― No,) he does not (.)

❹ (1) listen　(2) cleans　(3) studied　(4) had

❶速読チャレンジ テツオは中学生です。／彼は市に住んでいます／埼玉にある。／彼はサッカークラブのメンバーです／その市にある。／彼はサッカーが大好きです，／ですから彼はとても熱心に練習します。／彼の父もサッカーファンです。／ときどき／彼らはいっしょに行きます／浦和のサッカースタジアムへ／そして試合を楽しみます。

解説

❶(1)「私はニューヨークに住んでいます。」

(2)「その店はときどき 10 時に開店します。」**主語はいつも文頭にくるとは限らないので注意。**

(3)「私たちはいつも早く起きます。」**主語と動詞の間に語(句)が入ることもある。**

❷(1)主語が三人称単数なので，be 動詞は is を使う。

(2)be 動詞は I → am，you → are を使う。

(3)be 動詞の否定文の語順は〈be 動詞 + not〉。

(4)then「そのとき」があるので過去の文。主語が複数形なので be 動詞は were にする。

❸(1)make は「〜を作る」という意味の動詞。

(2)don't を動詞の前に置いて否定文にする。

(3)「あなたは〜しますか。」は Do you 〜? の形

で表す。

(4)主語が三人称単数なので，does を文頭に置いて疑問文にする。否定の答えなので does not とする。

❹**時を表す語(句)には文の時制を判断する手掛かりになるものもある。**

(1)主語が I なので動詞は原形。**in my free time は「ひまなときに」という意味。**

(2)主語が三人称単数なので cleans にする。**on Sundays は「毎週日曜日に」という意味。**

(3)**last night「昨夜」があるので文の時制は過去。** study → studied にする。

(4)**yesterday「昨日」があるので文の時制は過去。** have → had にする。

ステップ 2

1　(1) is　(2) draws　(3) Do　(4) didn't　(5) is

2　(1) visit　(2) goes　(3) wears　(4) dance

3　(1) Do, do　(2) Is, isn't, It's　(3) Are, are

4　(1)① have　② have　(2)① took　② take

5　(1) Some students answered the question (quickly.)

　(2) My sister is a good cook (.)

　(3) It was rainy this (morning.)

6　(1)(例) Ken helps his father at home.

　(2)(例) It is[It's] Wednesday.

7　(1) stood

　(2) ウ

1(1)主語が三人称単数なので，be 動詞は is を使う。

(2)主語が三人称単数なので，draws にする。

(3)主語に合わせて do を使う。

(4)last　night「昨夜」があるので，文の時制は過去。動詞の前に didn't を置く。

(5)主語は三人称単数なので be 動詞は is。

2(1)「（人・場所）を訪れる」は visit で表す。

(2)主語が三人称単数なので，goes にする。

(3)「眼鏡をかけている」は wear glasses。

(4)「ダンスをする」は dance。

3空所の前後の語（句）や文に着目して，意味の通る英文にする。

(1)like があるので do を文頭に置いた疑問文にする。答えるときも do を使って答える。

(2)be 動詞は場所を表す語（句）とともに用いて，場所や存在などを表すことができる。Bの2文目は空所の数から判断して，it is の短縮形 it's を入れる。

(3)**be interested in ～で「～に興味がある」という意味。**会話文全体の時制は現在。主語は複数なので，A・Bともに be 動詞は are を使う。

4英語には複数の意味を表す語もあるので，文脈によって意味をとらえるとよい。

(1)have は「～を持っている」のほかに「～を食べる」，「～がある」などの意味を表す。②は現在時制の文で疑問文なので have にする。

(2)take は「（写真など）を撮る」，「（時間などが）かかる」などの意味を表すので，take を入れると意味が通じる。①は yesterday「昨日」があるので，過去形 took にする。

5(1)**「～に答える」の日本語につられて，answer to ～としないように注意。**to が不要。

(2)「料理がじょうず」は動詞 cook を使って cook well とも表すが，語群と不要な語が1語あ

ることから a　good　cook で表す。直訳すると「上手な料理（をする）人」となるが，日本語で表すときは「料理がじょうず」とすると自然。cooks が不要。

(3)「雨が降っていた」は動詞の rain「雨が降る」で表すこともできるが，語群と不要な語が1語あることから It was rainy ～で表す。rained が不要。

6(1)日本語の「お父さんの手伝い」につられて my father's help などとしないように注意する。「彼（＝健）のお父さんを手伝う」と考えて help his father で表し，場所を示す語句 at home「家で」を続ける。

(2)今日の曜日は What day is (it) today? などとたずねられることが多い。答えるときは it を文頭に置いて答える。曜日のつづりに注意。

7(1)英文全体の時制は過去なので，stand を過去形の stood にする。

(2)空所を含む文が「それから，私は恵子にたくさんのことについてたずねました」という意味になると，直後の文への流れが自然になるので，正解はウ。アは「私は恵子の話を聞きませんでした」イは「恵子は私と話すのをやめました」エは「恵子は休憩を私と一緒に過ごしませんでした」

全訳　夏休み明けの最初の日に，私たちのクラスに転校生の恵子が来ました。彼女は私たちの前に立って，「こんにちは，私の名前は恵子です。よろしくお願いします」と言いました。私たちのクラスの皆が恵子に温かい拍手をしました。それから彼女は私の隣に座りました。

　短い休憩のとき，私は恵子と同じタオルを持っていることが分かりました。私のタオルが彼女と話すきっかけをくれたのです。私は彼女に，「私のタオルを見て！」と言いました。恵子は，「わあ，私たちのタオルのキャラクターは私のお気に入りなの！」と言いました。それから，私は恵子にたくさんのことについてたずね，私たち2人は一緒にたくさん話しました。休憩が終わると，私は私たちが友達になりつつあるように感じました。私は「恵子についてもっと知りたい」と思いました。

⊖⊖入試につながる

◆英文の中心となる〈S + V〉（主語＋動詞）をまず見つけよう！

◆動詞は大きく分けて2種類：be 動詞？それとも一般動詞？

◆一般動詞の現在形に -(e)s が付くか付かないかは，主語の人称と数で決まる！

ステップ1

❶ (1) closes　(2) are[come]　(3) look　(4) visit　(5) bought

❷ (1) (Ryo) sent Ben an e-mail (last night.)

(2) (Could you) tell me the way to (the station?)

(3) Lisa wants to drink (orange juice.)

(4) (Meg) calls her brother Mike (.)

(5) (The song) made him happy (.)

❸ (1) to　(2) for　(3) Put

(4) There are thirty students (in my class.)

(5) Are there any good books (for children?)

❶速読チャレンジ　美術館があります／私の故郷には。／歩いて10分です／私の家から美術館までは。／私はよくそこを訪れます／私の友達といっしょに。／美術館の中にはすてきな店があり，／私たちはオリジナル商品を買うことができます／はがきなどの／そこで。／私は美術が大好きです／ですから，私は幸せに感じます／美術館で。

解説

❶(1)現在の文。主語の This　restaurant は三人称単数なので，動詞は **closes** となる。

(2)「~出身」は，be from ~ や come from ~ の形で表せる。

(3)「~に見える」は look で表す。

(4)「(人・場所)を訪ねる」は visit で表す。

(5)時間を表す語 yesterday があるので過去の文。buy の過去形は **bought**。

❷(1)〈send ＋(人)＋(もの)〉で「(人)に(もの)を送る」。

(2)〈tell ＋(人)＋(もの)〉で「(人)に(もの)を教える」。「駅に行く道」は the way to the station。

(3)「~したがっている」は want to ~。

(4)〈call ＋(人・もの)＋~〉で「(人・もの)を~と呼ぶ」。

(5)〈make ＋(人・もの)＋~〉で「(人・もの)を~にする」。

❸(1)(2)〈SVOO〉を〈SVO ＋ to[for]＋(人)〉の文にする。give では to を，make では for を使う。

(3)命令文は**動詞の原形**で始める。「広樹，その箱をテーブルに置いてください。」という文に。

(4) There is[are] ~. は**人やものの存在を表す文**。thirty students に合わせて be 動詞は are。

(5)疑問文なので Are there ~ ? の語順にする。

ステップ2

1 (1) ウ　(2) ア　(3) イ　(4) ア　(5) イ

2 (1) it for　(2) sounds, be　(3) there, take

3 (1) does, taste　(2) do, best　(3) sent, to　(4) call you　(5) Don't be[get]

4 (1) made me　(2) teaches us　(3) plays tennis

5 (1) (Can) you show me your notebook (?)

(2) (Ms. Brown) told us an interesting story about dogs (.)

(3) How many books are there in this library (?)

(4) Do not eat too much before dinner (.)

6 (1) (例) Ken's grandmother has three cats.

(2) (例) My English is getting better.

(3) (例) Please look at this picture. [Look at this picture, please.]

(4) (例) What happened (to you)?

7 (1) became

1 (1)「～に見える」は look で表す。

(2)「～を…の状態にする」は make で表す。

(3)「～を…に送る」は send で表す。

(4)「～に着く」は arrive at ～で表す。

(5)「～を…と名づける」は name で表す。

2 (1)空所を含む文が「私の祖父が昨年それを私に作ってくれました。」という意味の文にする。〈SVO + to[for] + (人)〉の文では make は for とともに使われる。

(2)Bの返答文を「楽しそうですね。でも午後は強い風に気をつけてください。」という意味の文にする。be 動詞の命令文は be で始める。

(3)1つ目の空所を含む文は Is there ～？で「～はありますか。」とたずねる文にする。2つ目の文は空所に take を入れて，「ここから20分かかるでしょう。」という意味の文にする。

3 (1)空所の数から一般動詞 taste「(～な)味がする」を使って表すと判断する。なお，この文は be 動詞を使って This juice is not very good. としてもほぼ同様の意味を表せる。

(2)「最善を尽くす」は do one's best で表す。

(3)「(人)に(もの)を送る」は前置詞 to を使って〈send + (もの) + to + (人)〉の形でも表せる。send の過去形は sent。

(4)「(人・もの)を何と呼びますか。」という意味の疑問文は〈What + do[does] + 主語 + call ～?〉の形。

(5)禁止を表す命令文は文頭に Don't を置く。

4 (1)「この記事を読んだとき，私は驚きました。」〈make + (人・もの) + ～〉「(人・もの)を～にする」を使って「私を驚かせた」にする。

(2)「スミス先生は私たちの英語の先生です。」〈teach + (人) + (もの)〉「(人)に(もの)を教える」にする。

(3)「ルーシーは上手なテニスの選手です。」書きかえの文に well「上手に」があることから，「ルーシーは上手にテニスをします。」という意味の文にする。

5 (1)「(人)に(もの)を見せる」は〈show + (人) + (もの)〉や〈show + (もの) + to + (人)〉の形で表せる。語群に to がないことから，〈SVOO〉の文にする。for が不要。

(2)「(人)に(もの)を話す」は〈tell + (人) + (もの)〉で表す。speak が不要。speak は speak to ～ about …「～(人)に…について話す」となる。

(3)How many books「何冊の本」に are there が続く疑問文にする。has が不要。

(4)禁止の命令は Do not[Don't]～. で表す。You must not ～. でも表せるが，主語 you が必要なので，must が不要。

6 (1)「飼っている」を have を使って表す。主語は Ken's grandmother なので三人称単数。have の三人称単数形は has。

(2)get は「～になる」という意味もあり，状態の変化を表す。「よくなってきている」は現在進行形で表す。

(3)please を使って丁寧なお願いの命令文にする。

(4)What happened? は日常会話でよく使われる表現なので覚えておくとよい。「あなたに」という意味を付け加えるのであれば，to you と前置詞が必要なので注意。

7 (1)空所を含む文が「それによって私はより読書に興味を持つようになりました。」という意味になると英文の流れが自然。become「～になる」の過去形は became。

全訳 私の父と母は本を読むことが好きです。私が子どものころから，家にはたくさんの種類の本があります。私が寝るとき，父はいつも一緒に私の部屋に来て，私に絵本を読んでくれました。私は4歳くらいのときに本を読み始めました。本を読んだあと，私はその話について母と話すのが好きでした。母はいつも私の話を聞いてくれ，優しい声で「その話を読んでどう感じたの」や，「その話についてどう思うの」と言いました。それによって私は読書により興味を持つようになりました。

⊖⊖入試につながる

◆動詞の種類によって，後ろに何が続くのか予測するのが大切！

　→ make など，文の形によって表す意味が違う動詞に注意しよう。

◆There is[are] ～ . の文は，is[are] の直後にくる語句が主語になる！

ステップ1

❶ (1) brothers (2) letter (3) homework (4) teeth

❷ (1) your (2) This (3) Someone (4) one (5) Ken's

❸ (1) the (2) a (3) a (4) × (5) the

❹ (1) We go swimming twice a (week.)

　(2) How about doing something for (children?)

🔊**速読チャレンジ** インターネットはとても役に立ちます／私たちの日常生活において。／例えば／私たちはたくさんの健康的なレシピを見つけることができます／インターネット上で。／それらのうちのいくつかは／私たちに私たちの食事のためのヒントを与えてくれるでしょう。／インターネットは私たちの勉強も助けてくれるでしょう。／私たちは利用することができます／オンラインの地図やガイドブックや辞書を。／これらのサービスの多くは無料です／ですから，私たちはお金を払う必要がありません／それらのために。

解説

❶(1)直前に two があるので，brother を複数形の brothers にする。

(2)a があるので名詞は単数形になる。

(3)homework は不可算名詞なので，形はそのまま。**a lot of 〜「たくさんの〜」は可算名詞・不可算名詞の両方に使える。**

(4)「夕食後に歯を磨きなさい。」という意味の文にする。tooth の複数形は teeth。

❷(1)「あなたの家」は your house。

(2)「こちらは〜です。」という文にする。

(3)「だれかが昨夜私に電話をかけました。」という意味の文にする。anyone は肯定文では「だれでも」という意味。

(4)直前に出てきた名詞(bag)と同じ種類のもの

を指す代名詞は one。

(5)〈名詞＋ 's〉で「〜の，〜のもの」を表す。

❸(1)〈play ＋ the ＋楽器名〉で「〜を演奏する」。

(2)cafe「カフェ」は単数の可算名詞なので，冠詞 a が必要。

(3)bird「鳥」は単数の可算名詞なので，冠詞 a が必要。

(4)〈by ＋交通手段を表す名詞〉で，bus の前には a[an] も the もつかない。

(5)英文が表す「ドア」は over there「あそこの」ドアを指しているのが明白なので，冠詞は the がつく。

❹(1)「週に2回」は twice a week で表す。

(2)「何かをする」は do something で表す。

ステップ2

1 (1) children (2) windows (3) Those (4) cup (5) a

2 (1) this, mine (2) an, teacher (3) two, milk (4) anything, these

3 (1) me (2) her (3) yours (4) our

4 (1) it, one (2) school, train (3) Everyone, That (4) the, a

5 (1) We have six classes a day(.)

　(2) All of the houses around here are new(.)

　(3) Would you like a piece of pie (for dessert?)

6 (1)(例) That is my brother.

　(2)(例) I had a cold last week.

　(3)(例) May[Can] I ask you something?

7 (1)エ

解説

1 (1)「スミスさんには３人の子どもがいます。」child の複数形は children。

(2)「私の部屋には大きな窓が２つあります。」window の複数形は windows。

(3)「あちらは私のいとこのナナとアレックスです。」複数の人物を指しているので，代名詞は those。

(4)「もう１杯コーヒーがほしいです。」直前に another「もう１つの」を表す語があることから続く名詞 cup に a はつけない。

(5)「駅の近くに美術館があります。」There is ～.の文の「～(名詞(句))」はふつう**不特定のものを表す語(句)**が入るので，**the はつかない**。

2 (1)「これ」を表す代名詞は this。「私のもの」は mine で表す。mine = my racket という意味。

(2)art は発音が母音で始まるので，冠詞は an。

(3)「牛乳」は**不可算名詞**なので**複数形にしない**。「コップ２杯の牛乳」は two glasses of milk で表す。

(4)疑問文中で「何か」とたずねるときはふつう anything で表す。「これら」は this の複数形 these で表す。

3 (1)「兄が私に昨夜電話をかけてきました。」「私に」は me で表す。

(2)「私はすぐに彼女に返事を書きます。」「～に返事を書く」は write ～ back，「彼女に」は her で表す。

(3)「このしおりはあなたのものかもしれません。」「あなたのもの」は yours で表す。

(4)「ルーシーは昨年私たちの学校に来ました。」「私たちの」は our で表す。

4 (1)A は B に「このTシャツはいかがですか。」とたずねているので，**前に出てきたものを指す it** を選ぶ。B は**同じ種類の別のもの**を見せてほしいと言っているので，**one** を選ぶ。

(2)「学校に通う」という意味では school に冠詞はつけない。交通手段を言うときは〈by ＋交通手段を表す名詞〉で表し，名詞に冠詞はつけない。

(3)A「パーティーではだれでも無料で飲み物がもらえます。」B「いいね。何かもらいにいきましょう。」という意味の英文になると意味が通る。「だれでも」は everyone で表す。B は A が言ったことに対して「いいね」と言っているので，前の文の内容を指す that を使う。

(4)「１つしかないもの」には定冠詞 **the** をつける。〈What (a[an]) ～!〉で「なんて～だろう！」という意味を表す。

5 (1)語群から，「授業がある」は have を使って表す。classes は class「授業」の複数形。there が不要。

(2)「この周辺の家はすべて」は all を使って all of the houses around here で表す。each「それぞれ」が不要。

(3)「～をいかがですか。」は Would you like ～? で表す。「パイを１切れ」は a piece of pie。for が不要。

6 (1)「あちらは～です。」は That is ～.で表す。

(2)「風邪を引いている」は have a cold で表す。cold に冠詞をつけることに注意。

(3)「～してもよいですか。」は May[Can] I ～? で表す。

7 (1)下線部を含む文は「ミサはそれを聞いてとても嬉しく思いました。」という意味。that「それ」が指す内容は直前のエレンが言った「ありがとう，ミサ。あなたはいつもたくさん私を助けてくれますね。」の内容なので，**エ**が当てはまる。

全訳　ミサは高校１年生です。10月のある日，ミサの学校にオーストラリアから数名の高校生がやってきました。彼らは日本文化と日本語を学ぶことに興味を持っていました。彼らの中の１人のエレンはミサの家族の家に滞在しました。ミサは英語を話すよい機会なのでとても喜びました。学校の初日にミサはエレンにすべてのことを英語で説明しました。エレンは，「ありがとう，ミサ。あなたはいつもたくさん私を助けてくれますね。」と言いました。ミサはそれを聞いてとても嬉しく思いました。

入試につながる

・英語には「数えられる名詞」と「数えられない名詞」がある！
　→「数えられる名詞」の場合，冠詞 a[an] がつくのか，複数形になるのかということにも注意しよう。
・it，this，that はまとまった内容を指すこともある！

7

ステップ1

❶ (1) new　(2) beautiful　(3) rainy　(4) many　(5) much　(6) some

❷ (1) a lot of　(2) little　(3) many　(4) any　(5) a few　(6) some

❸ (1)(Yuka) gets up early every day(.)

　(2)(This bookstore) sometimes opens at nine(.)

　(3)(Can) you see the birds over there(?)

🔊**速読チャレンジ**　ジェーンとキャシーは仲のよい友達です／同じ町の。／彼女たちはよくいっしょに映画に行きます／週末に。／この前の日曜日，／彼女たちはハドソン先生と会いました／以前彼女たちの歴史の先生だった／映画館で。／映画が終わったあとで，／ハドソン先生はジェーンとキャシーを誘いました／フランス料理のレストランでの夕食に。／食事はとてもおいしかったです／そして彼女たちはとても楽しい時を過ごしました／レストランで。

解説

❶(1)「新しい」は new。反対の old「古い」も覚えておくとよい。

(2)〈look ＋形容詞〉で「〜のように見える」。

(3)「雨が降る」は形容詞 rainy「雨降りの」を使って be 動詞の文で表すことができる。

(4) friend は可算名詞なので，「たくさんの友達」は many をつけて many friends で表す。

(5)「**(量が)多い**」は **much** を使う。

(6)肯定文では，「いくらかの」は some を使う。

❷(1) information「情報」は不可算名詞なので，量の多さは a lot of や much で表す。

(2)「通りには雪がほとんどありませんでした。」という意味の文にする。**few のあとには可算名詞の複数形が続く**ので使えない。

(3) apples と複数形になっているので many を使

う。

(4)「この飲み物には砂糖がまったく入っていません。」という意味の文にする。not … any 〜 で「少しの〜もない」という意味。

(5) songs と可算名詞の複数形が続いていることから a few を使う。**a little は不可算名詞の前で使われる**ので注意。

(6)「ケーキといっしょにコーヒーはいかがですか。」という意味の文にする。coffee は不可算名詞なので many は使えない。

❸(1) every day は文末に置く。

(2)頻度を表す副詞と，時間を表す副詞的な語句が含まれる文。sometimes は動詞 opens の前，時間を表す at nine は文末に置く。

(3)「あちらの」を表す over there は文末に置く。

ステップ2

1　(1)ア　(2)イ　(3)ア　(4)イ　(5)ウ

2　(1) often　(2) popular　(3) much　(4) Sometimes

　(5) late　(6) never　(7) slowly　(8) any

3　(1) swim fast　(2) cook well　(3) an old watch

4　(1)(How) much snow did you have last year(?)

　(2) I'll call you back in a few minutes(.)

5　(1)(例) I know some good restaurants.

　(2)(例) Let's start something new.

　(3)(例) Do you have any ideas?

　(4)(例) What do you usually do on weekends?

6　(1)ウ　(2) getting

1 (1)「拓也は部屋にたくさんの CD を持っています。」CD は可算名詞なので many を選ぶ。

(2)「私はアクション映画がとても好きです。」very much で「とても」という意味を表す。なお，very much の代わりに a lot を文末に置いてもほぼ同様の意味が表せる。

(3)「私の父はもう 1 杯紅茶を飲みました。」another は「もう 1 つ〔人・杯〕の」という意味の形容詞。

(4)「亜美は速く泳ぐことができます。」**直前に助動詞があるので，この文では副詞は動詞の後ろに置く。**

(5)「この問題は少し難しそうです。」a little は「少し」という意味の副詞としても使われる。

2 (1)頻度を表す副詞 often「よく」を入れる。

(2)「人気のある」は popular。

(3) water は**不可算名詞**なので，量の多さを表す much を使う。

(4)副詞は文頭に置かれることもある。

(5)late は「遅い」という意味の形容詞。be late for 〜で「〜に遅刻する」という表現。

(6)never は「決して〜ない」という**否定の意味をもつ副詞。**not「〜しない」よりも強い表現。

(7)slowly「ゆっくりと」と反対の fast「速く」はセットで覚えておくとよい。

(8)any は疑問文中で「何らかの，いくらかの」という意味を表す。

3 (1)「彼らは速く泳ぐ人たちです。」を「彼らは速く泳ぎます。」という文に書きかえる。副詞 fast は動詞 swim のあとに置く。

(2)「私の弟はじょうずな料理人です。」を「私の弟はじょうずに料理ができます。」という文に書きかえる。「じょうずに」は well。

(3)「この腕時計は古いです。」を「これは古い腕時計です。」という文に書きかえる。**old watch につく冠詞は an にすることに注意。**

4 (1)雪の多さは「量」でたずねるので，How much を文頭に置いて How much snow 〜? の疑問文にする。snow は不可算名詞なので，数の多さを表す many は使えない。なお，数を問うときは How many 〜? でたずねる。

(2)minute は可算名詞なので，「数分」は a few minutes で表す。**a little は不可算名詞につく形容詞**なので使えない。call 〜 back で「〜に電話をかけなおす」という意味。

5 (1)some good restaurants の語順に注意する。なお，「いくつか」は some のほかに a few や several などを使って表すこともある。

(2)「何か新しいこと」は something new で表す。形容詞 new が代名詞 something の後ろに置かれることに注意。

(3)相手に意見を求めるときによく使われる表現。any は疑問文中で「何らかの，いくらかの」という意味を表す。

(4)週末の習慣についてたずねる文。この意味では「普段」は usually，「週末に」は on weekends で表すのがふつう。

6 (1)空所を含む文を「私のクラスの歌は本当に難しかったのですが，私のパートメンバーはすぐにそれをじょうずに歌うことができました。」という意味にすると，後につながる。**be able to 〜は「〜することができる」**という意味。

(2)get better は「よくなる」という意味。直前に be 動詞 was があることから，**過去進行形** getting better の形にする。

全訳 昨年の秋，私たちの中学校で合唱コンクールがありました。私はアルトパートのリーダーでした。

私のクラスの歌は本当に難しかったのですが，私のパートメンバーはすぐにそれをじょうずに歌うことができました。私は最初の一歩を踏み出した気持ちになって，嬉しくなりました。それから，私はパートの歌声をより元気のよいものにしたくなりました。それで，私はいつもパートメンバーに「大きな声で歌って！」と言いました。私たちはより大きな声で歌いました。私は自分たちの歌声がよりよくなっていると思って嬉しかったです。私はリーダーとしてうまくやっていると思いました。

⊖⊖入試につながる

◆形容詞は「名詞の前」か「be 動詞のあと」に置くのが基本！

◆some や many，much など数量を表す形容詞は，ほかの形容詞の前に置く！

◆頻度を表す副詞は，原則として一般動詞の前または be 動詞・助動詞のあとに置く。

接続詞・前置詞

<table>
<tr><td rowspan="4">ステップ 1</td></tr>
</table>

❶ (1) and (2) so (3) or (4) but (5) and (6) but

❷ (1) If (2) when (3) that (4) if (5) because

❸ (1)(The train) will leave at two(.)

(2)(What) can we do for those children(?)

(3)(I can) go there without this map(.)

(4)(Lily) talked about saving water for the future(.)

🔊速読チャレンジ ある夏の日／サトシはおもしろい雑誌を見つけました／本屋で。／その特集記事は心霊スポットについてでした。／サトシは幽霊に興味があります／そういうわけで，彼はその雑誌を買いました。／その雑誌では／10 人の人たちが自分たちの不思議な体験について語っていました／古いホテルや病院や学校での。／サトシは少しこわくなりました／それらを全部読んだあとで。

解説

❶(1)「1 匹のネコと 2 匹のイヌ」となるように接続詞 **and** を入れる。

(2)〈A, **so** B〉「A, そういうわけで B」の形では，A が B の〈理由〉になる。

(3)「チキンか，または魚か」は **or** を入れる。

(4)(6)空所の前後で対立する事柄を述べるので，**but** が適切。

(5)〈命令文, **and** S + V〉で「〜しなさい，そうすれば…」。

❷(1)「質問があるならば」となるように条件を表す if を使う。

(2)「〜するとき」を表す **when** が入ると意味が通る。

(3)「〜だと思う」は think that 〜で表す。接

続詞 that は**省略可能**。

(4)「明日晴れたら」となるように条件を表す if を使う。

(5)接続詞以下が富士山を好きな理由を述べている。**because**「〜だから」が適切。

❸(1) at は時刻を表す前置詞。「2 時」は at two。

(2)「何をすることができますか」と考えて，What can we do 〜? とする。「〜のために」は for。

(3)「この地図なしに」は without this map。

(4)「〜について話しました」talked about のあとに，「水を節水すること」saving water を続ける。

<table>
<tr><td rowspan="6">ステップ 2</td></tr>
</table>

1 (1)イ (2)ウ (3)ア (4)イ (5)ア (6)ウ

2 (1) in (2) near (3) When (4) on (5) that (6) before (7) by (8) or

3 (1)① are ②× (2)①× ②○ (3)①× ②○ (4)① to ② by[×] (5)①○ ②○

4 (1) There is a new library in front of the station(.)

(2) I won't buy this T-shirt because I don't like (the color.)

5 (1)(例) I get up at six every day.

(2)(例) Let's eat[have] lunch when we arrive at the airport.

[When we arrive at the airport, let's eat[have] lunch.]

(3)(例) I am from Tokyo.

(4)(例) I like red, blue(,) and yellow.

6 (1)エ

解説

1(1)「店に行った*が*，何も買わなかった」という，

2 つの対立する事柄を述べるので **but** を選ぶ。

(2) during summer で「夏の間に」という意味。

(3) I hope that ～で「私は～を望む」という意味を表す。that 以下が動詞 hope の目的語。

(4)「まっすぐ行って，2つ目の信号で右に曲がりなさい」と考える。「～して…」と連続した動作を and でつなぐ。

(5)「川に沿って」という意味にする。前置詞は along が適切。

(6) on the wall で「壁に」という意味を表す。on は上下などの位置に関わらず「接している」ことを表す。

2 (1) 年を表すときは前置詞 in を使って表す。

(2)「～の近くに」は near。

(3)「～するとき」は when を使って表す。

(4)「(毎)週末に」は on weekends で表す。

(5) think that ～「～だと思う」の疑問文。接続詞 that は省略可能。

(6)「～する前に」は before。before dinner「夕食前に」など，あとに名詞の働きをする語(句)が続くこともある。

(7) 交通手段は，〈by ＋交通手段を表す名詞〉。

(8)〈命令文，or S ＋ V〉で「～しなさい，さもないと…」という意味を表す。

3 (1)「もしあなたが明日暇なら，買い物に行きましょう。」① 条件を表す if ～の中では，未来のことでも動詞は現在形。② go shopping で「買い物に行く」。日本語の「～に行く」につられて go to shopping としないように注意。

(2)「私はあなたの助けなしにこれができると思いません。」① I don't think that ～. は「私は～だと思わない。」という意味を表す。that は省略可能。② without は「～なしに」という意味で，with「～を使って」と反対の意味を表す。

(3)「ルーシーは昨年の冬，私たちを訪ねました。」「～を訪ねる」は visit で表す。日本語につられて visit のあとに前置詞をつけないよう注意。

② last winter は「昨年の冬」という意味の副詞で，前置詞はつけない。

(4)「明日(までに)私に E メールを送ってください。」① send は前置詞 to をとる動詞。②「～までに」と期限は，前置詞 by で表す。「明日」と言うときは前置詞は不要。

(5)「私たちはスタジアムに行って，野球の試合を見ました。」前置詞，接続詞ともに正しく使われている。

4 (1)「～の前に」は in front of ～で表す。behind「～のうしろに」が不要。

(2) because を使って T シャツを買わない理由を示すと文の意味が通じる。because の代わりに so を使うと，「私はこの T シャツを買わないので，色が好きではありません。」という意味になるので注意。so が不要。

5 (1)「～時に」は at を使って表す。

(2)「空港に着いたとき」と考えて when を使う。「～に到着する」は arrive at ～。

(3) from「～から」を使って出身地を I am from ～. で表す。なお，この文は動詞 come を使って I come from～. としても同様の意味を表せる。

(4) 好きな3色を〈A，B(,) and C〉の形で表す。コンマは省略可能だが，英文によっては意味を明確にするためコンマを入れたほうがよい場合もある。

6 (1)「昨年ジャクソンさんが日本に来たとき，」に続くものを本文の内容に合うように選ぶ。本文3～4行目の内容から，エ「彼はミオの家に1週間滞在しました」を選ぶ。

全訳　ジャクソンさんは私の父の友人です。彼は若いとき，私の祖父の家に6か月間滞在しました。彼は母国に帰ったあとに医者になり，目のための新しい薬を作りました。彼は病院も建てました。彼は日本が大好きです。それで彼は昨年家族とともに日本を訪れて，私たちの家に1週間滞在しました。

⊖⊖入試につながる

◆接続詞は2つの語(句)や〈S ＋ V〉を含む意味のまとまりを結ぶ！

◆接続詞と前置詞の両方に使われる語に注意しよう！

◆前置詞は名詞の働きをする語(句)の前に置かれることに注意しよう！

　→動名詞などが続くこともある。

第 6 回

受け身

ステップ1

1 (1) is visited by　(2) was found by　(3) Are, used by
(4) was, taken by　(5) wasn't made by　(6) is spoken in

2 (1) My sister is called (Becky.)
(2) Those letters were sent to (the children.)
(3) This curry can be cooked (without fire.)

3 (1) with　(2) in　(3) at

1 速読チャレンジ　この前の日曜日，／ミユキは大好きなロックバンドのコンサートに行きました。／コンサートホールは若い人たちでとても混雑していました。／音楽はすばらしかったです，／そしてミユキはコンサートを大いに楽しみました。／彼女はふだんステレオで音楽を聞きます，／しかしコンサートの間，／彼女は生の音楽のエネルギーを感じました。／彼女はバンドの演奏に感動しました。

解説

1 (1)(2)〈SVO〉の受け身の文。〈be 動詞＋過去分詞＋ by ＋動作主〉で表す。be 動詞は(1)現在の文で主語が三人称単数なので is，(2)過去の文で主語が三人称単数なので was。
(3)受け身の疑問文は〈be 動詞＋主語＋過去分詞〜?〉の語順。
(4) 疑問詞がつく受け身の疑問文は〈疑問詞＋be 動詞＋主語＋過去分詞〜?〉の語順。
(5)受け身の否定文。過去の否定文なので，過去分詞の前に wasn't を置く。
(6)**不特定多数の人々**を示す by　people は省略する。

2 (1)〈SVOC〉の受け身の文。過去分詞のあとに補語の Becky がくる。
(2)〈SVOO〉の受け身の文。「〜へ」は to 〜。
(3)助動詞が含まれる受け身の文は〈助動詞＋ be ＋過去分詞〉の語順。

3 (1)「この地域は森で覆われています。」be covered with 〜で「〜で覆われている」。
(2)「あなたは日本文化に興味がありますか。」be interested in 〜で「〜に興味 [関心] がある」。
(3)「友里はいとこの手紙に驚きました。」be surprised at 〜で「〜に驚く」。

ステップ2

1 (1) loved　(2) painted　(3) named　(4) built
(5) found　(6) opened　(7) washed

2 (1) was broken by　(2) is written in　(3) were covered with
(4) What, are spoken　(5) is made from　(6) can be answered　(7) Who, used by

3 (1) surprised at　(2) is, called　(3) wasn't made

4 (1) I wasn't interested in art (at first.)
(2) These hotels are closed in winter (.)

5 (1)(例) Where was this watch made?
(2)(例) I am[I'm] called Taku at school.

6 (1) influenced
(2)(His works) made him really famous around the world after he (died.)

解説

1 (1)「この本はたくさんの子どもたちに愛されています。」love の過去分詞は **loved**。
(2)「この絵は有名な画家によって描かれましたか。」paint の過去分詞は **painted**。

(3)「彼女の赤ちゃんはエミリーと名づけられました。」name「(人)に〜と名づける」の過去分詞は **named**。Emily（補語）が過去分詞のあとに置かれることに注意。

(4)「この寺はいつ建てられたのですか。」build の過去分詞は **built**。

(5)「私の消しゴムは机の下で見つかりました。」find の過去分詞は **found**。

(6)「この箱はここから開けることができます。」open の過去分詞は **opened**。

(7)「私の車は父によって洗われたのではありません。」wash の過去分詞は **washed**。

2(1)break「〜を壊す」の過去分詞は **broken**。過去の文なので was を使う。

(2)「〜で書かれている」と表すときはそれが書かれたのが過去のことでも時制は現在で表すのがふつう。write の過去分詞は **written**。

(3)「〜で覆われている」は **be covered with 〜** で表す。

(4)主語は「何の言語」What languages なので be 動詞は are になる。

(5)原料を加工して作られる場合は，**be made from 〜**「(原料)から作られる」。**be made of 〜**「(材料)でできている」は，外見から材料が判断できる場合に用いる。

(6)助動詞を含む受け身の文の語順は〈助動詞＋be ＋ 過 去 分 詞 〉。answer の 過 去 分 詞 は **answered**。

(7)動作主をたずねる受け身の疑問文。〈Who ＋be 動詞＋主語＋過去分詞＋ by?〉の形でたずねる。

3(1)「私はその事故に驚きました。」という意味にする。「〜に驚く」は **be surprised at 〜**。

(2)〈What do you call ＋（もの）〜?〉の文は受け身の文〈What is ＋（もの）＋ called 〜?〉で表すことができる。

(3)「このケーキはメアリーによって作られたの

ではありません。」過去の文なので，wasn't を**過去分詞の前に置く**。

4(1)「〜に興味[関心]がある」は **be interested in 〜** で表す。with が不要。

(2)「閉められている」と考えて受け身にするので，**are closed** となる。「冬は[に]」は **in winter** で表す。by が不要。

5(1)疑問詞を含む受け身の疑問文。〈疑問詞＋be 動詞＋主語＋過去分詞〜?〉の語順でたずねる。「どこで」は Where。

(2)受け身で「私は学校で〜と呼ばれています。」という文をつくる。I am called 〜 at school. の形で書くとよい。

6(1)前後の内容から influence「…に影響を及ぼす」を入れると意味が通る。空所の直前に be 動詞があり，直後に〈by ＋動作主〉があることから，influence の過去分詞 **influenced** を入れる。

(2)語群に made, him, (really) famous があることから，〈SVOC〉の文が組み立てられる。around the world は「世界中で」という意味。

全訳 価値観とは，異なる場所や異なる時代，そして異なる人々により違うものです。現在人気のある人たちの中には，彼らが生きているときには有名ではなかった人もいるのです。フィンセント・ファン・ゴッホや宮沢賢治はそのような人たちのよい例です。あなたは両者が彼らの人生において多くのひどい経験をしたことを知っていますか。

フィンセント・ファン・ゴッホは1853年にオランダで生まれました。彼の最初の仕事は会社の美術商でした。すぐに彼は会社で最も優秀な美術商の一人になりましたが，病気になったために，その仕事をやめなければなりませんでした。調子がよくなった後，彼はいくつか他の仕事をやってみました。それから彼は 27 歳のとき，彼は画家になることを決心しました。フランスで彼はたくさんの画家に出会い，彼らから影響を受けました。そのため彼の作風が変わり，彼の作品はより鮮やかになりましたが，彼の病気が再び悪化しました。彼は病院で絵を描き続けました。彼の作品は彼の死後，彼を世界中でとても有名にしました。実は，彼は 2,100 点以上もの美術作品を遺しましたが，生前に売れたのはたったの数点でした。今では彼の作品は世界中のとても多くの人々に愛されています。

⊖⊖入試につながる

◆受け身の基本形は〈be 動詞＋過去分詞（＋ by ＋動作主）〉！

◆〈SVOC〉の文や助動詞が含まれる文の受け身は語順に注意！

◆動作主が一般の人々の場合や動作主を言う必要がないとき，〈by ＋動作主〉は省略される！

ステップ 1

❶ (1) visit (2) borrow (3) read (4) drink (5) is

❷ (1) to eat (2) to make (3) to read (4) something to (5) to help

❸ (1) I'm happy to come to (the party.)

(2) I have something to show you (in the kitchen.)

(3) (What) do you want to be (in the future?)

(4) My hobby is to climb mountains (with my father.)

❶速読チャレンジ ある日，／アンディは会社の近くのビルズ・ステーキハウスに行きました／遅い昼食を食べに。／けれども，／彼がそこに着いたとき，／レストランは閉まっていることに気づきました。／彼はそれを知ってがっかりしました。／彼は別のレストランでステーキランチを食べました，／しかしそれを楽しみませんでした。／ステーキは香辛料がききすぎていました，／そのため彼は昼食のあとで冷たい飲み物がほしくなりました。

解説

❶(1)(2)主語が三人称単数でも，また過去の文の中であっても，不定詞は〈to ＋動詞の原形〉の形。

(1) to visit the museum「美術館を訪れること」は**名詞用法**。want to ～で「～したい」。

(2) to borrow books「本を借りるために」は**副詞用法**。

(3) to read「読むべき」は**形容詞用法**で，many e-mails を修飾している。

(4) to drink「飲むための」は**形容詞用法**で，something を修飾している。日本語にするときは「何か飲むもの」とすると自然。

(5)名詞用法の不定詞(～すること)が主語となる場合は，常に**単数扱い**。

❷(1) like to ～「～するのが好きである」の否定文。

(2)「つくるために」は to make で表す。

(3) **be surprised to ～**で「～して驚く」。to 以下では「驚いた」理由を述べている。

(4)「何か飲み物」は「飲むための何か」と考えて **something to drink**。

(5) someone「だれか」に to help me「私を手伝うための」を続けて，後ろから someone を修飾する形で表す。

❸(1)「よろこんで～する」は be happy to ～。

(2)「君に見せるための何か」と考えて something to show you とする。

(3)「(～に)なりたい」は want to be ～。

(4) my hobby「趣味」が主語。「山に登ること」は to climb mountains。

ステップ 2

1 (1)ア (2)イ (3)イ (4)ウ (5)イ

2 (1) doesn't want (2) happy[glad] to (3) to run (4) to do (5) to go

(6) to take (7) to play (8) to ask (9) to say

3 (1) to do (2) to see

4 (1) I have something to tell you (today.)

(2) (What) did you do to make them happy (?)

(3) Tom doesn't have enough time to sleep (.)

5 (1)(例) London is a great place to visit.

(2)(例) I want to be[become] a doctor (in the future).

6 (1) trying

解説

1(1) to を speak の前に置き，to speak foreign languages「外国語を話すこと」とする。

(2)形容詞と不定詞の両方が代名詞 something を修飾するときは，〈something ＋形容詞＋不定詞〉の語順。

(3) to を learn の前に置き，to learn new words「新しい言葉を学ぶために」とする。

(4) **try to ～** で「～しようとする」。try to read some English books「英語の本を数冊読もうとする」とする。

(5) **be surprised to ～** で「～して驚く」。get は to のあとに置く。to 以下は「驚いた」理由を述べている。

2 (1) want to ～「～したい」の否定文。主語が三人称単数なので want の前に doesn't を置く。

(2)「～してうれしい」は **be happy[glad] to ～** で表す。

(3)「～しようとする」は try to ～ で表す。「もっと速く」は比較級を使って **faster** で表す。

(4)「～するのが好きだ」は like to ～。「する」は do で表す。

(5)「海外に行くために」は **to go abroad**。

(6)〈someone ＋不定詞〉の語順。「～の世話をする」は **take care of ～** で表す。

(7)「卓球をすること」は to play table tennis。

(8)「～したいのですが」は **I would[I'd] like to ～** で表す。

(9)「言うために」は to say で表す。

3 (1)「私たちは先週たくさんの宿題をしなければなりませんでした。」⇒「私たちは先週するべき宿題がたくさんありました。」の書きかえ。a lot of homework を不定詞の to do が**後ろから修飾する形**にする。

(2)「あなたはこの美術館で多くのものを見ることができます。」⇒「この美術館には見るべき多くのものがあります。」の書きかえ。many things を不定詞の to see が**後ろから修飾する形**にする。なお，There are many things to see in this museum. でも同様の意味を表せる。

4 (1)「あなたたちに伝えたいこと」は something to tell you で表す。There is something to tell you today. でも同様の意味を表せる。

(2)「彼らをよろこばせるために」は make「(人・もの)を～の状態にする」を使って to make them happy で表す。

(3)不定詞 to sleep「寝るための」が後ろから enough time「十分な時間」を修飾する形。

5 (1)「ロンドンはとてもよい場所」を London is a great place で表し，a great place を**形容詞用法**の不定詞 to visit「訪れるための」で修飾する。

(2)「(将来)私は～になりたい。」を **I want to be[become] ～ (in the future).** で表す。将来の夢をたずねる表現 **What do you want to be in the future?**「あなたは将来何になりたいですか。」と一緒に覚えておくとよい。

6 (1)前後の内容と空所直後に to があることから，try to ～「～しようとする」の文にすると意味が通る。空所直前に are があることから，try を **trying** にし，現在進行形にする。

全訳 私たちは1人では生きていけません。だから私たちは毎日，他人とよい関係をもとうとします。私たちは成功することもあれば失敗することもあります。それらの経験を通して，私たちは自分自身のコミュニケーションスタイルをつくっていくのです。

しかし，知らない人と話すのは難しいです。そして他人と仲良くなるのはもっと難しいです。多くの人たちが緊張して他人と彼らの関係を心配します。人々は「笑うべきだろうか。何を話すべきだろうか。人と仲良くなるのが得意になるにはどうしたらよいか。」と考えるかもしれません。

実際に，多くの人たちがコミュニケーションスキルについて心配しています。彼らはよりよいコミュニケーションスキルを身に付けるよい方法を見つけようとしています。人と話すときにあまりに緊張してしまう人もいます。中には考えすぎて話すことを楽しめない人もいます。だからコミュニケーションスキルについてのたくさんの本やテレビ番組があるのです。インターネットでは，彼らの問題をどのように解決するかを彼らに教える多くのウェブサイトを人々は訪れることもできるのです。

㏚入試につながる

◆名詞の働きをする不定詞は「～すること」→動詞の目的語や補語・主語になる！
◆副詞の働きをする不定詞は動詞・形容詞を修飾！
◆形容詞の働きをする不定詞は直前の名詞・代名詞を修飾→〈名詞[代名詞]＋不定詞〉の語順に注意！

ステップ 1

1 (1) It, to　(2) Is it　(3) for, to　(4) how to　(5) to come　(6) helped, carry

2 (1) It is important to eat (breakfast every day.)

(2) (He knows) how to take good pictures (.)

(3) (The doctor) told me to take medicine (.)

(4) (Robert) wants me to call him (Bob.)

(5) Let us use this room (tomorrow.)

❶ 速読チャレンジ　健康を保つために，／私たちは毎日いくらかの運動が必要です。／例えば，／毎朝公園を走る人がいます。／プールで泳ぐのが好きな人もいます。／毎日家でストレッチ体操をするのならば，／それも健康によいでしょう。

解説

❶ (1)〈It　is ＋形容詞＋不定詞〜.〉の文。It は to 以下の内容を指す形式主語。

(2)〈It　is ＋形容詞＋不定詞〜.〉の疑問文。be 動詞を文頭に置いて疑問文にする。答えるときは Yes, it is.／No, it is not[isn't]. で答える。

(3) for　me「私にとって」は不定詞の意味上の主語を示し，**不定詞の直前に置く**。

(4)「〜のし方」は how　to　〜で表す。日本語にするときは 「〜する方法」,「どのように〜すべきか」など場合によって自然な日本語にするとよい。

(5)〈ask ＋(人)＋不定詞〉で「(人)に〜するように頼む」。to 以下に頼みたい内容がくる。

(6)〈help ＋(人)＋動詞の原形〉で「(人)が〜す

るのを助ける[手伝う]」。yesterday があるので help を過去形 helped にする。

❷ (1)〈It is ＋形容詞＋不定詞〜.〉の文。

(2)「よい写真の撮り方」は how　to　take　good　pictures で表す。この〈how ＋不定詞〉は knows の目的語。

(3)「(人)に〜するよう言う」は〈tell ＋(人)＋不定詞〉で表す。

(4)〈want ＋(人)＋不定詞〉「(人)に〜してほしい」の文に〈call ＋ A ＋ B〉「A を B と呼ぶ」の形が含まれる文。

(5)「(人など)に〜させる」は〈Let ＋(人など)＋動詞の原形〜.〉で表す。動詞は to をつけない**原形不定詞を使う**ことに注意。

ステップ 2

1 (1) It's, buy[get]　(2) what to　(3) asked, to　(4) wasn't, for

(5) Let, sleep　(6) where, go　(7) want you　(8) help, find

2 (1) how to play

(2) It is, to

(3) told, to speak

3 (1)② → take　(2)③ → where to　(3)③ → to get up　(4)② → to paint

4 (1) Do you know what to do to (save animals?)

(2) It is fun for Becky to speak Japanese (.)

(3) I was too sleepy to read the book (.)

5 (1)(例) Please let me know your address.[Let me know your address (, please).]

(2)(例) I want to learn how to play the violin.

(3)(例) Can you tell me what to bring tomorrow?

6 (1) ウ

1 (1) 〈It is ＋形容詞＋不定詞～.〉の文。空所の数から It is の短縮形 It's を入れる。

(2) 「何をすべきか」は **what to do** で表す。

(3) 〈ask ＋（人）＋不定詞〉で「（人）に～するように頼む」。日本語に合うように ask を過去形 asked にする。

(4) 〈It is ＋形容詞＋ for ＋（人）＋不定詞～.〉の文。過去の否定文だが，空所の数から was not の短縮形 wasn't を入れる。

(5) 「（人など）に～させる」は〈Let ＋（人など）＋動詞の原形～.〉で表す。

(6) 「どこへ～すべきか」は where to ～。

(7) 「（人）に～してほしい」は〈want ＋（人）＋不定詞〉で表す。want to ～「～したい」との混同に注意。

(8) 「（人）が～するのを助ける[手伝う]」は〈help ＋（人）＋動詞の原形〉で表す。「～を見つける」は find。

2 (1) 「私はドラムを演奏できません。」〈can't ＋動詞の原形〉「～できない」⇒ **don't know how to ～**「～する方法を知らない」の書きかえ。

(2) 「野球の試合を見るのはわくわくします。」不定詞が主語の文⇒〈It is ＋形容詞＋不定詞～.〉の文に書きかえ。

(3) 「鈴木先生は私たちに，『毎日英語を話しなさい』と言いました。」⇒「鈴木先生は私たちに毎日英語を話すよう言いました」の書きかえ。「（人）に～するよう言う」は〈tell ＋（人）＋不定詞〉を使って表すことができる。

3 (1) 「ここで数枚写真を撮らせてください。」〈Let ＋（人など）＋動詞の原形～.〉の文。動詞は原形にするので，**to take ⇒ take** に直す。

(2) 「その男性は私たちにどこで切符を買えばよいか教えてくれました。」「どこで～すべきか」は where to ～で表す。疑問詞の後に不定詞が続く語順。

(3) 「あなたにとって早く起きることは難しいで

すか。」〈It is ＋形容詞＋ for ＋（人）＋不定詞～.〉の疑問文。to get up とする。

(4) 「私にこれらの壁を塗ってほしいですか。」〈want ＋（人）＋不定詞〉の文。to paint とする。

4 (1) 「何をすべきか」を **what to do** で表す。「する」は動詞 do。「動物たちを救うために」は副詞用法の不定詞「～するために」を使い，to save animals で表す。how が不要。

(2) 「日本語を話すこと」to speak Japanese の意味上の主語を「ベッキーにとって」for Becky で表す。of が不要。

(3) 「あまりに～で…できない」は〈too ＋形容詞＋ to ＋動詞の原形〉で表す。for が不要。

5 (1) 「私に知らせる」と考えて let me know とする。丁寧なお願いの命令文として please をつけるとよい。

(2) 「～したい」は want to ～で表す。「～のし方」は〈how ＋不定詞〉なので，「バイオリンの弾き方」は how to play the violin。

(3) 与えられた語に can があるので，**Can you ～?**「～してくれませんか。」を使い，「私に～を教えてくれませんか。」という文にする。「明日の持ち物」は「明日何を持ってくるべきか」と考え，〈what ＋不定詞〉を使って，**what to bring tomorrow** で表す。

6 ジュディの最初の発言で「腕時計をなくしたのであなたに電話しています。あなたの家で見ましたか。」とあるので，「ジュディはケンに時計を探してほしい」という内容を表す**ウ**が正解。

全訳

ケン　　：もしもし，こちらはケンです。

ジュディ：こんにちは，ケン。ジュディです。昨日はパーティーに招いてくれてありがとうございました。ええと，私は腕時計をなくしたのであなたに電話をしています。あなたの家でそれを見ましたか。

ケン　　：いいえ，見ていません。家を確認してみます。

ジュディ：ありがとう。もしあなたがそれを見つけたら私に電話をください。それではまたね。

入試につながる

◆〈It is ＋形容詞＋不定詞～.〉の It は不定詞の内容を指す！

◆〈S ＋ V ＋ O（人）＋不定詞〉では，O（人）と不定詞は「～が…する」の関係！

◆原形不定詞は「動詞の原形そのままの形」で to をつけない！

ステップ**1**

1 (1) walking　(2) teaching　(3) coming　(4) cleaning　(5) Reading

2 (1) to drink　(2) dancing　(3) eating　(4) talking
(5) to go　(6) to see　(7) taking

3 (1) Getting up early is hard (for me.)
(2) I finished doing my homework (yesterday.)
(3) What do you want to have (for dessert?)
(4) (Can) you cook without using water (?)

①速読チャレンジ　マリコは携帯ストラップを集めるのが好きです。／彼女は毎日違ったストラップを付けて楽しみます。／彼女のお気に入りのストラップの1つは／小さなネコのフィギュアの付いたものです。／彼女はインターネットでおもしろいストラップを見つけることができます／それで，彼女はときどきオンラインショップをチェックします／そして，そこからストラップを注文します。

解説

1 (1)「〜することが好き」は動名詞を使って like 〜ing で表す。
(2)「教えること」は不定詞を使って to teach でも表せるが，空所の数が1つなので，teaching が正解。〈SVC〉のC（補語）が動名詞である文。
(3) How about 〜ing? で「〜してはどうですか。」という誘い・提案の表現。come は e をとって ing をつける。
(4) finish 〜ing で「〜し終える」。
(5) 動名詞は主語にもなる。Reading comic books「漫画を読むこと」が主語。

2 (1) want to 〜で「〜したい」。
(2) practice は目的語に動名詞をとるので dancing を選ぶ。
(3) look forward to 〜ing で「〜するのを楽しみにする」。to につられて動詞の原形を続けないように注意。
(4) enjoy 〜ing で「〜することを楽しむ」。
(5) decide to 〜で「〜することを決心する」。
(6) hope to 〜で「〜することを望む」。
(7) be good at 〜ing で「〜することが得意である」。

3 (1) getting up early が主語の文にする。
(2) finish は動名詞を目的語にとる動詞。doing my homework で「宿題をすること」。
(3) What で始まる疑問文にする。「〜したい」は want to 〜。食べるは have。
(4)「〜せずに」は動名詞を使って without 〜ing で表す。

ステップ**2**

1 (1) thinking　(2) running　(3) listening　(4) coming　(5) leaving　(6) riding
2 (1) speaking, reading
(2) visiting, staying
(3) taking, going
3 (1) learning　(2) working　(3) good, dancing　(4) Studying, is
4 (1) I like taking care of children (.)
(2) Being kind to old people is (important.)
5 (1)（例）I finished washing my father's car.
(2)（例）How about having[eating] lunch together?
6 (1) working
(2) イ

1(1)「〜について考える」は think about 〜で表す。begin は不定詞と動名詞のどちらも目的語にとり，意味はほぼ同じ。ここでは空所の数が1つなので，thinking が入る。

(2)like は不定詞と動名詞のどちらも目的語にとり，意味はほぼ同じ。ここでは空所の数が1つなので，running を入れる。

(3)enjoy は動名詞を目的語にとるので，「〜することを楽しむ」は **enjoy 〜ing** で表す。

(4)**Thank you for 〜ing.** は相手に感謝を伝えるときによく使われる表現。前置詞 for のあとに動名詞を続けることに注意。

(5)動名詞は前置詞の目的語にもなるので，前置詞 before のあとに leaving home を続ける。

(6)**practice 〜ing で「〜することを練習する」**。「自転車に乗る」は ride a bike。

2(1)A「あなたは日本語を話すことは難しいと思いますか。」動名詞を使って「日本語を話すこと」を speaking Japanese で表す。B「はい。でもそれ(＝日本語)を読むことは私にとってもっと難しいです。」動名詞を使って「それを読むこと」を reading it で表す。

(2)A「私はアメリカであなたを訪ねることを楽しみにしています。」**look forward to 〜ing** で「〜するのを楽しみにする」。この to は前置詞なので，動名詞が続くことに注意。B「わくわくします。あなたが私たちと滞在することを楽しんでくれるといいです。」**enjoy は動名詞を目的語にとる**ので，enjoy staying にする。

(3)A「アサヒ公園まで電車に乗っていくのはどうですか。ずっと速いし，そこ(＝アサヒ公園)でもっと多くの時間を過ごせます。」**How about 〜ing?** で「〜するのはどうですか」。「電車に乗る」は take a train で表す。take は e をとって ing をつける。B「それはよい考えですね。公園に行く前に昼食を買いましょう。」空所の前に前置詞 before があるので，空所には動名詞 going が入る。**前置詞は名詞の働きをする語(句)の前に置かれる**。

3(1)like to 〜 ⇒ like 〜 ing の書きかえ。

(2)start to 〜 ⇒ start 〜 ing の書きかえ。

(3)〈動詞＋well〉を使った文⇒ **be good at 〜ing** を使った文の書きかえ。

(4)不定詞を使った構文⇒**動名詞を主語にした文**の書きかえ。**動名詞は常に三人称単数扱いなの**で，be 動詞は **is**。

4(1)「〜の世話をする」は take care of 〜。

(2)**動名詞が主語の〈SVC〉の文**。「〜に親切でいること」は being kind to 〜 で表す。

5(1)「〜し終える」は finish 〜ing で表す。「(私の)父の車」は my father's car となる。

(2)与えられた語に about があるので，**How about 〜ing?**「〜してはどうですか。」でたずねる。「昼食を食べる」は have[eat] lunch。

6(1)**work「取り組む」**を入れると意味が通る。空所の前に be 動詞 are があるので，working の形にして現在進行形の文にする。

(2)前後の内容から，ポルトガル国民が再生可能エネルギーに対して前向きな姿勢を持っていることがわかるので，**イ**が正解。

全訳

今日では，世界中でますます多くの人々が，環境を破壊することなくどのようにして電力を作り出すかについて考えています。だから新しいテクノロジーや国家間での協力がより重要になりました。その事実を学ぶために3つの話を共有しましょう。

2016年，ポルトガルはエネルギーの試験を試してみました。彼らは風，水，そして太陽光といった再生可能エネルギーのみを使いました。彼らは国全体に必要とするすべての電力を作り出すことができました。今では政府と企業が一体となって風力発電所のような新しい発電所を作ろうと取り組んでいます。彼らはより多くの再生可能エネルギーを使いたいと思っています。なぜならそのエネルギーは石油を節約し，環境を守ることができるからです。国民は，再生可能エネルギーを使うことは，石油を燃やすよりも，環境を守るためにずっとよいと考えています。彼らのゴールは汚染を止め，より多くのエネルギーを所有し，経済的な成長を得ることです。

⊖⊖入試につながる

◆動名詞は「〜すること」という意味の「ひとまとまりの名詞」をつくる！

◆動名詞は文の中で目的語・主語・補語になる！

◆目的語は動名詞か不定詞か？→動詞によって決まる！

ステップ 1

❶ (1) playing　(2) written　(3) broken　(4) singing　(5) running　(6) spoken

❷ (1) made　(2) reading　(3) sent　(4) wearing

❸ (1) The teacher wearing glasses is (Ms. Suzuki.)

(2) I want a chair made in (Italy.)

(3) (The girl) called Meg came to our class (.)

(4) (I don't) have any books written by (Natsume Soseki.)

❶**速読チャレンジ**　先週の金曜日，／タカシは市の博物館を訪れました。／彼はそこで興味深いものをたくさん見ました。／彼は狩猟道具に魅了されました／そして木でできた食器に。／それらはすべて古い遺跡で発見されました。／それを見ながら，／彼はその当時の人々の暮らしを想像しました。／その博物館で時間を過ごすのは，タカシにとってとてもわくわくしました。

解説

❶ (　) の直前の名詞との関係が「〜している…」なら現在分詞 (〜ing形) を，「〜された [される]…」なら過去分詞を選ぶ。

(2)(3)(6) 過去分詞の形に注意。

❷ (1)「私の母によって**作られた**人形」と考えて，過去分詞 made にする。

(2)「木の下で本を**読んでいる**生徒」と考えて，現在分詞 reading にする。

(3)「イギリスから**送られてきた**手紙」と考えて，過去分詞 sent にする。

(4)「青いドレスを**着ている**ダンサー」と考えて，現在分詞 wearing にする。

❸ (1)「眼鏡を**かけている**先生」が主語。「眼鏡をかける」は wear glasses。**現在分詞**を使って the teacher **wearing** glasses と表す。

(2)「イタリア製のいす」は「イタリアで**作られたいす**」と考えて，**過去分詞**を使って a chair **made** in Italy と表す。

(3)「メグと**呼ばれる女の子**」が主語。**過去分詞**を使って the girl **called** Meg と表す。

(4)「夏目漱石によって書かれた本」は**過去分詞**を使って any books **written** by Natsume Soseki と表す。

ステップ 2

1 (1) flying　(2) used　(3) named　(4) built　(5) sitting

2 (1) drawn by　(2) seen, look　(3) bag made

3 (1) ア　(2) ウ　(3) ウ

4 (1) Do you know the girl dancing over there (?)

(2) The cat sleeping under the desk is called (Lulu.)

5 (1)(例) I have a sister working in Tokyo.　(2)(例) Tom likes watches made in Japan.

(3)(例) Who is the boy wearing a red T-shirt?

6 (1) A: lived　B: working

(2) showed 86 different shapes of snow crystals and how he caught them

解説

1 (1)「飛んでいる鳥」は現在分詞 flying を使って表す。birds を修飾する語は flying 1 語なので，birds の前から修飾し，flying birds とする。

(2)「中古車」は過去分詞 used を使って表す。

cars を修飾する語は used 1 語なので，cars の前から修飾し，used cars となる。

(3)「名づけられた」は name を**過去分詞 named** にして表す。The boy named Harry

「ハリーと名づけられた少年」が主語。

(4) many old temples を，過去分詞を使って後ろから修飾する。build の過去分詞は built。

(5) the girl を現在分詞を使って後ろから修飾する。sit の〜ing 形は sitting。

2 (1)「彼によって描かれた絵」と考え，the pictures drawn by him とする。

(2)「ここから見られる山」と考え，the mountains seen from here と表す。主語は the mountains なので，文全体の動詞の形は look にすることに注意。

(3)「私の父によって作られたかばん」と考え，a bag made by my father とする。

3 (1)「その試合を見ていた野球ファンはとてもわくわくしているように見えました。」という文になるように，The baseball fans のあとに watching the game を続ける。The baseball fans watching the game までが主語。

(2)「インドで話されている言語は何ですか。」という文になるように，the languages の直後に spoken in India を続ける。

(3)「窓のそばに立っている男性が見えますか。」という文になるように，the man のあとに standing by the window を続ける。

4 (1)「あそこで踊っている」dancing over there が the girl を後ろから修飾する。

(2)語群に sleeping，called があるので，名詞を修飾する分詞なのか，文全体の動詞なのかを見極める。「ネコはルルと呼ばれている」だから，受け身〈be 動詞＋過去分詞〉で表し，The cat is called Lulu. となる。「机の下で眠っている」が「ネコ」を後ろから修飾しているので，The cat sleeping under the desk is called Lulu. となる。

5 (1)「東京で働いている姉」は a sister working in Tokyo で表す。

(2)「日本製」は「日本で作られた」と考え，made in Japan で表し，watches を後ろから修飾する。

(3)「〜はだれですか」は，Who is 〜? の疑問文で表す。「赤い T シャツを着た」wearing a red T-shirt が「男の子」the boy を後ろから修飾する。

6 (1) A「そこにいる人たちは雪とともに暮らしてきた。」という文にすると意味が通る。空所の直前に have があることから，現在完了形〈have＋過去分詞〉で表す。live の過去分詞は lived。B「徳川幕府に仕えていた殿様」となるように，work を現在分詞 working にして入れる。

(2)語群に showed，caught の 2 つの動詞があることに注意する。showed が「雪の結晶」と「それらをどのようにして手に入れたのか」の 2 つの目的語をとる文にすると意味が通る。

全訳

　あなたは冬をどのように過ごしますか。スキーやスノーボードを楽しみますか。今までに雪や氷で遊んだことはありますか。もしあなたがあまり雪の降らない地域に住んでいるのならば，雪は冬に数回見るものかもしれませんし，テレビのニュースや本を通して体験するものかもしれません。もしあなたが雪の降る地域に住んでいるのならば，雪は生活の大切な一部です。そこにいる人たちは雪とともに暮らしてきました。

　雪が降ると，最後には溶けて水になります。それで人々は経験上，雪は水からできていることを知っているのです。そして彼らは雪が異なる状態で降ることも知っています。例えば，乾いていて軽い種類の雪もあれば，湿っていて重い種類の雪もあります。人々が雪を顕微鏡で観察すると，雪の結晶が見えます。人々は雪の結晶については知っていますが，ほとんどの人々は雪が日本で長い間研究されてきたことは知りません。

　1800 年代に，日本で雪が顕微鏡で観察されました。徳川幕府に仕えていた殿様が雪の結晶の美しさに魅了されました。彼は雪の結晶を冷やした布切れで手に入れて，彼の顕微鏡の下に置きました。それから彼はそれらの絵を描きました。これは日本で雪について行われた，最初の科学的な研究の 1 つかもしれません。のちに本の中で，彼は 86 の異なる形の雪の結晶と，彼がどのようにしてそれらを手に入れたのかを示しました。その美しい形は江戸時代の人々の間でとても人気になり，彼らは服や道具にそのデザインを用いました。

⊖⊖ 入試につながる

◆現在分詞は「〜している」，過去分詞は「〜された〔される〕」という意味の「ひとまとまりの形容詞」を作る！

◆分詞の位置は名詞の前または後ろ！

◆現在分詞や過去分詞を含む文→まず〈S＋V〉を先に押さえてから，分詞を見極める！

第 10 回

関係代名詞

本冊 p.44〜47

ステップ 1

❶ (1) who (2) that (3) which (4) which (5) that (6) that

❷ (1) which[that] (2) which[that] (3) who[that] (4) that

❸ (1) I bought a watch which[that] was made in France(.)

(2) We'll stay in a hotel which[that] has a big pool(.)

(3) Let's listen to the song which[that] Lisa sang yesterday(.)

❶速読チャレンジ カズオと彼の家族は，昨年の夏，ハワイに行きました。／ハワイは場所の１つでした／カズオがぜひ訪れたかった。／ハワイに滞在している間，／カズオは毎日海で泳いで楽しみました。／夕方になると，／カズオと彼の家族は，浜辺で夕日を見ました。／カズオは夕日のことを決して忘れないでしょう／ハワイで見た。

解説

❶(1)先行詞は **a friend**(人)なので，関係代名詞は **who** が適切。

(2)先行詞は **the picture**(もの)なので，関係代名詞は **that** が適切。

(3)先行詞は **the temples**(もの)なので，関係代名詞は **which** が適切。

(4)先行詞は **a lot of English words**(もの)なので，関係代名詞は **which** が適切。

(5)先行詞は **the only restaurant**(もの)なので，関係代名詞は **that** が適切。なお，先行詞に **only** があるので，その点でも関係代名詞は **that** を使うのが好ましい。

(6)先行詞は **the train**(もの)なので，関係代名詞は **that** が適切。

❷(1)先行詞は **a book**(もの)なので，関係代名詞は **which[that]**。

(2)先行詞は **the words**(もの)なので，関係代名詞は **which[that]**。

(3)先行詞は **many students**(人)なので，関係代名詞は **who[that]**。

(4)先行詞に **first** などが含まれるときは，関係代名詞は **that** を使うのが好まれる。

❸(1)先行詞は **a watch**(もの)なので，関係代名詞は **which[that]** を使う。

(2)先行詞は **a hotel**(もの)なので，関係代名詞は **which[that]** を使う。

(3)先行詞は **the song**(もの)なので，関係代名詞は **which[that]** を使う。

ステップ 2

1 (1) key (2) basketball (3) dictionary (4) teacher

2 (1) who[that] called (2) that I (3) which[that] he (4) I read

(5) which[that], were (6) that, know (7) who[that] wrote (8) who[that] was

3 (1) I have a brother who[that] is a doctor.

(2) Yuka wants a car which[that] runs fast.

(3) People (who[that] were) invited to the party looked excited.

4 (1)(I'll tell you) three things you should do in Japan(.)

(2) I have a friend who is called (Mei.)

5 (1)(例) Japanese and English are the languages (which[that]) they speak.

(2)(例) The movie (which[that]) I saw yesterday was exciting.

(3)(例) Please show me the pictures (which[that]) you took.

[Can[Will] you show me the pictures (which[that]) you took?]

6 (1) lives (2)エ

解説

1 (1)「ドアを開けるために使うもの」は key「鍵」。

(2)「各チーム5名で行われるスポーツ」は basketball「バスケットボール」。

(3) you use の前に関係代名詞の **which[that] が省略されている**ことに注意。「勉強するときに使う厚い本」は dictionary「辞書」。

(4)「学校で教える人」は teacher「先生」。

2 (1)先行詞は the person（人）なので，関係代名詞は who[that] が適切。

(2)先行詞が anything なので，関係代名詞は that を使うのが好ましい。

(3)関係代名詞は省略可能だが，空所の数から判断し，先行詞の the CD に合わせて which[that] を入れる。

(4)「記事」The article を「私が昨日読んだ」I read yesterday が後ろから修飾する。先行詞が read の目的語になることと，空所の数から判断して関係代名詞 which[that] は省略する。

(5)先行詞は The vegetables（もの）なので関係代名詞は which[that]。「～される」は受け身〈be 動詞＋過去分詞〉で表す。be 動詞は The vegetables に合わせて複数の were にする。

(6)先行詞が everything の場合は関係代名詞は that を使うのが好ましい。関係代名詞は省略可能だが，空所の数から判断し省略しない。

(7)先行詞は the singer（人）なので，関係代名詞は who[that] が適切。

(8)先行詞は The boy（人）なので，関係代名詞は who[that] が適切。「～と一緒にいる」は be 動詞を使って表す。

3 (1)先行詞 a brother について，関係代名詞 who が he（＝ a brother）の代わりになって説明を加えているので，who のあとの he が不要。

(2) a car と runs は**「～が…する」**の関係で，主語 a car に「速く走る」という説明を加えるので，関係代名詞は**省略できない**。先行詞は a car（もの）なので関係代名詞は which[that]。

(3)先行詞 People と invite は**「～が…される」**という受け身の関係なので，関係代名詞 who のあとに受け身〈be 動詞＋過去分詞〉の形を続ける。先行詞 People は複数なので，be 動詞 are の過去形 were を who の直後に入れる。People invited to ～として過去分詞 invited による後ろからの修飾としてもよい。

4 (1)「3つのこと」three things を「あなたが日本ですべき」you should do in Japan が後ろから修飾する。

(2)「友達」a friend を「メイと呼ばれる」who is called Mei が後ろから修飾する。

5 (1)「彼らの話す」they speak が「言語」the languages を修飾。

(2)「私が昨日見た」I saw yesterday が「映画」the movie を修飾。

(3)「あなたが撮った」you took が「写真」the pictures を修飾。

6 (1) live「住んでいる」を入れると意味が通る。空所の前に関係代名詞 who があり，先行詞は a friend なので，動詞の形は lives にする。

(2)空所の前までは携帯電話やコンピュータの弱点について述べられており，空所の直後の文では「私たちはその状況について何かする必要がある」と述べられていることから，**エ**が適切。

全訳

　今，私たちはテクノロジー，特にコミュニケーションツールのおかげで便利な世界に暮らしています。もし私たちが電話を使えば，遠方に住む友人と簡単に話すことができますし，携帯電話やコンピュータを通して顔を見ることさえもできます。そのようなツールはとても便利なので，私たちにとってそれらのない生活を想像することはとても難しいです。

　しかしながら，携帯電話やコンピュータは悪い点もあります。例えば，災害が起きた際にはそれらはうまく機能しません。もし日本で大きな地震が起きて電気のネットワークを破壊したら，私たちは家族と連絡を取れません。私たちの社会はテクノロジーの便利さに頼りすぎているのかもしれません。私たちはその状況について何かする必要があります。

◁─ 入試につながる ─

◆〈関係代名詞＋説明〉は先行詞となる名詞を後ろから修飾する！

◆関係代名詞は先行詞によって使い分ける！

◆関係代名詞の省略や，文全体の動詞の見極めに注意！

ステップ1

❶ (1) will　(2) going to　(3) are, going to
(4) will not　(5) will　(6) is going to

❷ (1) can　(2) may　(3) has to　(4) mustn't　(5) May

❸ (1) You should read more books (next year.)
(2) He doesn't have to go (to school tomorrow.)
(3) I will not do my homework (tonight.)

🕮**速読チャレンジ**　ある日，ヒロシは鎌倉の古い寺を訪れました。／彼は寺の外で写真数枚を撮りました。／本堂に入ると，／彼は壁に貼られた注意書きを見ました。／それには書いてありました。／「建物内の写真撮影禁止」と。／あとになって彼は知りました／カメラのフラッシュが古い彫像や絵画に悪影響を与えうるということを。

解説

❶(1)話し手の意志と関係ない**未来の予定**を述べた文なので助動詞 will を入れる。
(2)未来の予定は be going to でも表せる。be 動詞は主語に合わせる。
(3)be going to を使った，疑問詞で始まる疑問文。be 動詞の疑問文と同じ形。
(4)未来のことを予想している文。空所の数から，短縮形の won't ではなく **will not** が適切。
(5)「買ってくる」という話し手の意志を述べているので，**will** が適切。
(6)be going to の be 動詞は**主語に合わせる**。Ken は三人称単数なので be 動詞は **is**。

❷(1)「〜できる」という〈能力〉を述べるときは，can を使う。
(2)「〜してもよい」という〈許可〉の意味を表す

助動詞は may。
(3)「〜しなければならない」という〈義務〉を表すのは have[has] to。
(4)「〜してはいけない」という〈禁止〉の意味を表すのは，must not[mustn't]。don't have to 〜は「〜しなくてもよい」という意味で，〈禁止〉ではない。
(5)「話しかけてもよいですか」と〈許可〉を求めているので，May I 〜? の形にする。

❸(1)should は「〜すべきだ」という意味の助動詞。主語 you のあとに置く。
(2)「〜する必要がない」は〈don't[doesn't] have to ＋動詞の原形〉の語順。
(3)will を使った文の否定文は〈主語 + will not[won't] ＋動詞の原形〉の語順。

ステップ2

1　(1)イ　(2)ア　(3)ア　(4)ウ　(5)イ　(6)ウ　(7)ア

2　(1) Will[Can] you　(2) don't have　(3) May[Can] I
(4) must be　(5) can't[cannot] cook　(6) able to

3　(1) may　(2) mustn't[can't/cannot] eat

4　(1) I won't take my umbrella with me (today.)
(2) This book should be read by (many people.)

5　(1)(例) You do not[don't] have to buy[get] anything.
(2)(例) You must[should] be quiet.

6　(1)①(例) Yes, they did.
②(例) They can understand the things which they should do.

解説

1(1)「〜しなくてはならない」という意味を表す　のは have[has] to。

(2) next year があるので，未来の文。未来を表す助動詞は will。

(3) should は「～したほうがよい」と人に何かを控えめにすすめるときにも使う。

(4) have to を使った疑問文は〈Do you have to ＋動詞の原形～?〉の語順にする。

(5)「～かもしれない」という**あいまいな**〈**可能性**〉を述べているので，**may** が適切。must は「～にちがいない」。

(6)話し手の意志を表す助動詞は will。I'll は I will の短縮形。

(7)「**～する必要はない**」は don't[doesn't] have to ～。shouldn't は「～すべきではない」，mustn't は「～してはいけない」。

2(1)「～してくれますか」と依頼するときは Will[Can] you ～? の形を使う。

(2) have[has] to ～の否定文の語順は〈主語＋ don't[doesn't] have to ＋動詞の原形～〉の語順。

(3)「～してもよいですか」と相手に許可を求めるときは May[Can] I ～? の形でたずねる。

(4)「～にちがいない」は must。「(～に)いる」は be 動詞で表せるので must be ～とする。

(5) can「～できる」の否定文。主語のあとに can't[cannot] を置く。

(6)「～できた」は was[were] able to ～。

3(1)「宿題のためにインターネットを使ってもよいですよ。」と〈許可〉を表す助動詞は can と may。can は「～できる」という人の〈能力〉だけでなく，このように「選択肢として**可能である**」という場合にも使える。

(2)「この部屋で食べてはいけません。」〈Don't ＋動詞の原形～.〉と〈You mustn't[can't/ cannot] ＋動詞の原形～.〉は，どちらも相手に対する〈禁止〉を表す。

4(1)未来を表す否定文なので，〈won't ＋動詞の

原形～.〉の語順にする。「(携帯して)～を持っていく」は〈take ～ with ＋人〉で表す。

(2)助動詞を使った受け身の文は，〈助動詞＋ be ＋過去分詞～.〉の語順。

5(1)「**～する必要はない**」は〈don't[doesn't] have to ＋動詞の原形〉で表す。

(2) must や should を使って，相手に「静かにすべきだ」と注意する文にする。助動詞のあとには**動詞の原形**が続くので，「静かにすべき」は must[should] be quiet の語順になることに注意。

6(1)①「多くの外国人は災害時に大変な時を過ごしましたか。」本文2～3行目参照。

②「病気の外国人は，医者が『やさしい日本語』を使うと何が理解できますか。」本文11行目参照。関係代名詞を含む the things which they should do は「彼ら（＝病気の外国人）がすべきこと」という意味。質問には They can understand ～. の形で答えるとよい。

全訳
　今日，私は日本語，特に外国人のための日本語について話すつもりです。25年前，日本に災害がありました。日本語の警告や必要な情報がわからず，多くの外国人がそのとき大変な時を過ごしました。言葉や文のほとんどが彼らにとっては難しすぎたのです。日本語でコミュニケーションをとるためには他の方法が必要でした。そこで，災害時に外国人を支援するため，「やさしい日本語」がつくられました。
　「やさしい日本語」にはルールがあります。それらのいくつかをお伝えします。必要な情報をさまざまな情報源から選ぶべきです。簡単な言葉を使って文を短くするべきです。日本語を書くときはあまりに多くの漢字を使うべきではありません。これらのルールを理解することはあなたにとって難しいですか。
　近頃はあなたの周りに「やさしい日本語」が広がりつつあります。いくつかの病院では，医者がそれを使っています。病気の外国人が，彼らがすべきことを理解できます。いくつかの市役所でもそれは使われています。彼らはどのように電車やバスに乗るかについて情報を提供するのです。その情報は「やさしい日本語」で書かれています。

⊖⊝入試につながる

◆ will は話し手の意志と関係ない未来または話し手のその場で決めた意志，be going to は前もって考えられていた意図・近い将来の予定・話し手の見込みや確信を表す！

◆主語の人称・数にかかわらず，必ず〈助動詞＋動詞の原形〉の形になる！

◆can，must，should などの助動詞は話し手の判断や評価を表す！

本冊 p.52〜55

ステップ1

1 (1) drinking (2) was (3) were (4) listening (5) know

2 (1) have lived[been] (2) has been (3) haven't read, yet (4) has been
(5) Have, yet, have (6) ever played, I've never (7) already had[eaten]

3 (1) I have been playing the piano (for an hour.)
(2) It has been raining since (this morning.)
(3) (My brother) has been watching a baseball game since (7 p.m.)

① 速読チャレンジ 私は東京に1週間滞在しています。／これが私の初めての日本への訪問です。／そして私はそれをとても楽しんでいます。／友達のヤスオが東京を案内してくれます。／明日, ヤスオは私を豊洲魚市場に連れて行ってくれることになっています。／私は魚市場を見たことがありません。／ですから私はそこを訪れるのを楽しみにしています。

解説

1 (1)(4) be 動詞 is があるので**現在進行形**の文にする。
(2) When のあとが過去形なので, was が適切。
(3) 主語が you なので, were が適切。
(5) know「知っている」などの〈状態〉を表す一般動詞はふつう進行形にしない。

2 (1)「5年間住んでいる」ので, 〈have ＋過去分詞〉の形にする。「〜に住んでいる」→「〜にいる」と考えて, have been でもよい。
(2) since this morning があることから, 現在完了形にする。主語が三人称単数なので, 〈has ＋過去分詞〉。
(3)「まだ〜していない」は〈have[has] not ＋過去分詞〜 yet〉で表す。
(4)「〜に行ったことがある」というときはふつう have[has] been to 〜で表す。
(5)「あなたはもう〜してしまいましたか。」は〈Have you ＋過去分詞〜 yet?〉の形。
(6)「あなたは今までに〜したことがありますか。」は〈Have you ever ＋過去分詞〜?〉の形。「一度も〜ない」は have[has] のあとに never を置いて表す。空所の数から I have の短縮形 I've を入れる。
(7) already はふつう have[has] の直後に置く。

3 現在完了進行形は〈have[has] been ＋〜ing〉。
(2)(3)「〜から」は since で表す。

ステップ2

1 (1) is cleaning (2) have been (3) yet (4) just (5) since
(6) was (7) already (8) ever (9) using

2 (1) have never (2) times, been (3) I've just
(4) were, doing (5) have been (6) three times

3 (1) I have never eaten *daifuku*.[I haven't eaten *daifuku*.]
(2) Beth has been interested in foreign languages since last year.
(3) Cathy has already read this novel.[Cathy hasn't read this novel yet.]

4 (1) How long have you lived in this town (?)
(2) We have been friends since we were (five years old.)

5 (1)(例) It has been snowing since yesterday.　(2)(例) Have you seen my pen?

6 (1) lived
(2)① Because it was written in English.
② They will get the chance to think about their important place.

1 (1)文末に now があるから，**現在進行形**の文。

(2)before「以前に」があるから，現在完了形。

(3)「もう〜してしまいましたか」は疑問文の〈Have[has] ＋主語＋過去分詞〜 yet?〉で表す。

(4)「ちょうど〜したところだ」は〈have[has] just ＋過去分詞〉で表す。

(5)「2005 年から」は since 2005。for「〜の間（ずっと）」は期間を表す。

(6)過去の特定の時(when 〜 room)に進行中だった動作は**過去進行形**で表す。

(7)already は「すでに」を表す副詞。

(8)「あなたは今までに〜したことはありますか。」は〈Have you ever ＋過去分詞 〜?〉の形。

(9)動作を「ずっと〜している」は現在完了進行形〈have[has] been ＋〜 ing〉で表す。

2 (1)「一度も〜ない」は強い否定を表す never を使って，〈have never ＋過去分詞〜〉で表す。

(2)「何回〜したことがありますか」と〈経験〉をたずねる文は〈How many times have[has] ＋主語＋過去分詞〜?〉で表す。「〜に行ったことがある」は have[has] been to 〜。

(3)「ちょうど〜したところだ」は〈主語 ＋ have[has] just ＋ 過去分詞〉で表す。空所の数から I have の短縮形 **I've** を入れる。

(4)at that time「そのとき」は過去の一時点を表す語。「あなたは何を〜していましたか。」は〈What were you ＋〜ing?〉の形でたずねる。

(5)2つ目の空所の直後に learning と動詞の〜 ing 形が続いているので，現在完了進行形〈have[has] been ＋〜ing〉の文にする。

(6)3回目以降は〜times で表す。「1 回」は once,「2 回」は twice,「何回も」は many times で表す。

3 (1)never はそのもので「一度も〜ない」という強い否定を表すので，never と他の否定を表す語を一緒に使わない。haven't → have に直すか，never を取る。

(2)「〜に興味がある」は〈be interested in 〜〉で表すので，現在完了形の文では be を過去分詞にして **has been interested in** 〜で表す。

(3)already はふつう肯定文で使うので，hasn't を has にする。または already を削除して，文末に yet を置き，「まだ〜していない」とする。

4 (1)過去から現在までの継続期間をたずねるので，〈How long have ＋主語＋過去分詞〜?〉に。

(2)since のあとには〈S ＋ V〉を続けることができるので，「5 歳のころから」は since we were five years old となる。

5 (1)「ずっと〜している」は現在完了進行形で表す。it を主語にして It has been snowing 〜と表せばよい。「〜から」は since を使う。

(2)過去から現在までの間にペンを見ていないかたずねるので，現在完了形の疑問文にする。see の過去分詞は **seen**。

6 (1)直前に have があり，期間を表す語句 for two years があることから，現在完了形の文にする。live の過去分詞は **lived**。

(2)① 「なぜスミス先生はパンフレットを簡単に理解できたのですか。」本文 3 行目参照。

② 「その地元の高校生たちは経験から何を得られますか。」本文最終行参照。

全訳

　私は青森県に 2 年間住んでいます。ある日，日本人の先生が私に北海道・北東北の縄文遺跡群についてのパンフレットをくれました。私はそれらについて知らなかったので，パンフレットを読みました。それは英語で書かれていたので，私は簡単に理解できました。それらの遺跡の 1 つがこの市にあって，私は自分の目でそれを見たいと思いました。

　1 週間後，私はその遺跡を訪ねました。私は縄文時代の人々がたくさんの種類のものを作ったと知り驚きました。彼らの日常の生活で使われたものもあれば，儀式のような特別な目的のために使われたものもありました。それらすべてのものが私にとって美しく見えました。私が遺跡を見ていたとき，私は数名の地元の高校生に出会いました。彼らはボランティアガイドとして働いていました。彼らはその経験から，彼らの大事な場所について考える機会を得るでしょう。

⊖⊖入試につながる

◆現在進行形は「今進行していること」を，過去進行形は「過去のある時点で進行していたこと」を表す！

◆現在完了形は「過去」と「現在」のつながりを示す語(句)に注意！

❶ (1) What (2) Whose (3) When (4) Which (5) Why

❷ (1)(Do you) know where I can see (pandas?)

(2)(Please tell) me what you did yesterday(.)

(3)(Let's ask Tom) why he looks excited(.)

❸ (1) can't you (2) is he (3) doesn't she

❹ (1) How (2) How easy (3) What (4) What an

🔒速読チャレンジ ケンはシゲルと友達になりました／仙台から東京に越してきてまもなく。／新しい学校での最初の日，／ケンはわかりませんでした／ほかの生徒たちにどのように話しかけたらいいか。／シゲルはケンに大好きなスポーツについてたずねました。／シゲルは言いました／自分はサッカーチームのメンバーだと。／彼はケンに言いました／「ぼくたちのチームに入らないか」と。

解説

❶答えの部分から何を**たずねているか**を推測するとよい。

(1)「私はふつうパンケーキを食べます。」と答えているので，「何を」をたずねる **What** が適切。

(2)「ケイトのものです。」と答えているので，所有者をたずねる **Whose** が適切。

(3)「10月です。」と答えているので，「いつ」をたずねる **When** が適切。

(4)「紅茶がいいです。」と答えているので，「どちら」をたずねる **Which** が適切。

(5)「私は昨夜よく眠れなかったからです。」と「理由」を答えているので，**Why** が適切。

❷(1)〜(3)間接疑問とは〈疑問詞＋S＋V〜〉でひと

まとまりの名詞を作り，動詞の目的語などとして使われるものをいう。疑問詞で始まる疑問文の語順と混同しないように注意。

❸(1)(3)肯定文に付く付加疑問は**否定の付加疑問**を付ける。

(2)否定文に付く付加疑問は**肯定の付加疑問**を付ける。

(3)一般動詞の場合は do, does, did を使う。

❹(1)(2)〈**How ＋形容詞・副詞（＋ S ＋ V）!**〉の語順。

(3)(4)名詞を含む語句がある場合は〈**What＋ 名詞を含む語句!**〉となる。

(4) interesting があるので，**an** を用いる。

1 (1) What (2) How (3) why (4) she found

(5) do you (6) wasn't he (7) How much

2 (1) What time (2) when, is (3) How much (4) What a

(5) when, was built (6) isn't she (7) how, happened

3 (1) I don't know what sports you play.

(2) Becky can play tennis well, can't she?

(3) I'll show you how you can go to the restaurant.

4 (1) How many books are there in (the library?)

(2) I didn't know why my mother said (that to me.)

(3)(Maki) didn't tell me where she was (then.)

5 (1)(例) You didn't have breakfast today, did you?

(2)(例) Can you tell me what I should do next?

6 (1) エ

1 (1)「何の」をたずねるときは what を使う。

(2)⟨How ＋形容詞・副詞（＋ S ＋ V）!⟩で「なんて…だろう！」という驚きや感動などの感情を表す。

(3)「なぜ〜なのか」という間接疑問が understand の目的語になっている文。

(4)間接疑問の語順は⟨疑問詞 ＋ S ＋ V 〜⟩。

(5)一般動詞の付加疑問は，否定文のあとなら⟨, do[does/did] ＋人称代名詞 ?⟩の形にする。

(6)主語が三人称単数で過去時制の be 動詞の文につく付加疑問。肯定文のあとに続くので，⟨, wasn't ＋人称代名詞 ?⟩の形にする。

(7)値段をたずねるときは⟨How much 〜?⟩の形でたずねる。

2 (1)「何時に」と具体的な時間をたずねるときは What time で文をはじめる。

(2) When is Mike's birthday? がほかの文の中に入るとき，間接疑問 when Mike's birthday is の語順になる。

(3)数えられない名詞など，「量」をたずねるときは how much を使う。

(4)名詞を含む語句がある感嘆文は⟨What ＋名詞を含む語句 !⟩となる。

(5)間接疑問に受け身の表現が入った文。⟨疑問詞 ＋主語＋ be 動詞＋過去分詞⟩の語順。「その城がいつ建てられたか」は過去形で表すので，was built になることに注意。

(6)be 動詞の文につく付加疑問。肯定文のあとなので，〜, isn't she ? を続ける。

(7)「起きたのか」なので過去の間接疑問。間接疑問の動詞を過去形にする。

3 (1)間接疑問は⟨疑問詞 ＋ S ＋ V⟩なので，what sports you play になる。

(2)助動詞 can の付加疑問は肯定文のあとなら

⟨, can't ＋人称代名詞 ?⟩，否定文のあとなら⟨, can ＋人称代名詞 ?⟩となる。

(3)⟨show ＋（人）＋（もの）⟩の「もの」の部分に間接疑問を入れる。how you can go to the restaurant の語順にする。

4 (1)本は数えられる名詞なので，「数」をたずねる how many で文をはじめる。much が不要。

(2)「なぜ母が私にそれを言ったのか」を間接疑問とする。why my mother said の語順になる。did が不要。

(3)⟨tell ＋（人）＋（もの）⟩の「もの」の部分に間接疑問を入れる。「どこにいたか」は過去時制の間接疑問で where she was の語順。is が不要。

5 (1)一般動詞の過去の付加疑問を続ける。否定文のあとなので⟨, did ＋人称代名詞 ?⟩。

(2)「〜してくれませんか。」は Can you 〜? で表す。⟨tell ＋（人）＋（もの）⟩の「もの」の部分に間接疑問「次に何をすべきか」を入れる。

6 (1)直後のケンの発言でティムについての説明が続くことから，ジョーンズ先生はティムがだれかをたずねたと考える。

全訳

ケン	：こんにちは，ジョーンズ先生。
ジョーンズ先生	：やあ，ケン。ここで何をしているのですか。
ケン	：カナダから来た生徒のティムに，マンガを描いているのです。
ジョーンズ先生	：まあ，本当ですか。ティムはだれですか。
ケン	：先月，私の市に 15 人の生徒がカナダからやってきて，7 日間滞在しました。ティムはその 1 人でした。彼は日本にいる間，私の家に滞在しました。
ジョーンズ先生	：なるほど。彼と何をしましたか。
ケン	：私たちは一緒にたくさんのことをしました。彼は私の描いたマンガを読むのが大好きだったので，私はうれしく思いました。

入試につながる

◆疑問詞で始まる疑問文は，疑問詞に着目—「何をたずねたいか」がわかる！

◆間接疑問はそれ自体で名詞の働きをし，目的語などになる！

◆付加疑問は本体となる文と肯定・否定が逆になること，感嘆文は名詞を含む語句の有無に注意する！

ステップ1

❶ (1) taller　(2) the largest　(3) more interesting

(4) the most popular　(5) better　(6) earlier　(7) old

❷ (1) better[more] than　(2) the fastest　(3) the best

(4) as, as　(5) not as　(6) more, or

❸ (1) not as, as

(2) stronger, any other

(3) longer, any other

❶速読チャレンジ 新幹線は日本のすべての列車の中でいちばん速く走ります。／東海道新幹線は1964年に営業を開始しました。／それは東京オリンピック直前のことでした。／当時，／新幹線「ひかり」の最高速度は時速210キロメートルでした。／「ひかり」は世界のほかのどの列車よりも速かったのです。

解説

❶(1)(5)(6)空所のあとが **than** なので，いずれも**比較級**を入れる。

(3)この文では文の後半に「理科か数学」の2つを提示しており，そのうちの「どちらがより面白いか」という点で比較させていることから，比較級 **more interesting** にする。

(2)(4)空所のあとに比較の範囲を表す前置詞 **in** があるので，**最上級**にする。

(7) **as … as 〜** で「〜と同じくらい…」という意味を表す。… には形容詞・副詞の原級を入れるので **old** にする。

❷(1)「…より〜が好きだ」は like 〜

better[more] than … で表す。

(2)副詞 fast「速く」の最上級は **fastest**。副詞の最上級では，the は省略されることもある。

(3) good「よい，上手な」の最上級は **best**。

(4)「〜と同じくらい…」は **as … as 〜**。

(5)「〜ほど…ではない」は **not as … as 〜**。

(6) often の比較級は **more often** で表す。

❸(1)「福島は岩手ほど大きくありません。」〈A is ＋比較級＋ than ＋ B〉⇒〈B is not as ＋原級＋ as A〉の書きかえ。

(2)(3)最上級⇒〈比較級＋ than any other ＋単数名詞〉の書きかえ。

ステップ2

1 (1) better　(2) in　(3) of　(4) most expensive　(5) hungry

2 (1) more slowly　(2) can, as well　(3) the deepest　(4) the oldest

3 (1) Aya is the best singer in our class.

(2) This car runs faster than any other car in the world.

(3) I don't like bananas as much as apples.

4 (1) Which is more difficult, speaking English (or writing it?)

(2) What is the most important thing for you(?)

5 (1)(例) My room is not as large as yours.

(2)(例) This computer is the most useful of the four.

(3)(例) Can you show me a smaller one?

6 Yuka's plan: イ　　Mary's plan: ウ

解説

1(1)「あのかばんはこれよりもよさそうです。」空所の直後に **than** があるので，比較級の文に。

(2)「友里は家族でいちばん年下です。」〈**比較の範囲**〉を表す前置詞の使い分けに注意。「(彼女

の）家族で」は〈in ＋場所を表す語句〉の形で in her family と表す。

(3)「拓也はすべてのメンバーの中でいちばんじょうずに野球をしますか。」「すべてのメンバーの中で」は〈of ＋複数を表す語句〉の形で of all the members と表す。

(4)「この店でもっとも高いものは何ですか。」expensive はつづりの長い語なので，最上級は most をつけて most expensive。

(5)「私はクマのようにお腹が空いています。」as … as ～を使った慣用表現。とても空腹であるという意味。

2 (1)slowly「ゆっくりと」の比較級は more slowly。

(2)「～と同じくらい…」は as … as ～で表す。

(3)deep「深い」の最上級は deepest。

(4)old「古い」の最上級は oldest。「～のうちの1つ」は〈one of ＋複数を表す名詞〉で表すので，temples と複数形になっていることに注意。

3 (1)「彩はクラスでいちばんじょうずに歌います。」singer を用いて表すので best を形容詞として使い，「彩はクラスでいちばんじょうずな歌い手です。」という意味にする。

(2)「この車は世界で最も速く走ります。」を〈比較級＋ than any other ＋単数名詞〉「ほかのどの～よりも…」を使い，「この車は世界のほかのどの車よりも速く走ります。」とする。

(3)「私はバナナよりもリンゴのほうが好きです。」を〈not as ＋原級＋ as ～〉「～ほど…ではない」の形で「私はリンゴほどバナナが好きではありません。」とする。

4 (1)〈Which is ～, A or B?〉「A と B ではどちらがより～ですか。」の形の疑問文。「英語を話すこと」と「英語を書くこと」はそれぞれ動名詞を使って，speaking English, writing it（＝English）で表している。

(2)「いちばん大切なもの」は important の最上級を使い，the most important thing とする。

5 (1)〈not as ＋原級＋ as ～〉「～ほど…ではない」

の文。「私の部屋」ですでに room を使っているので，「あなたの（部屋）」は room をくり返さずに yours で表すとよい。

(2)useful「役に立つ」の最上級は most useful。「4つの中で」は〈of ＋複数を表す語句〉の形で of the four と表す。「4つの中」とすでに分かっているものの中で比べているので，定冠詞の the がつく。

(3)「～してくれませんか。」は Can you ～? で表す。この文では than は使われていないが，比較の対象にしているのは今見せてもらっている（見ている）T シャツで，それよりも小さいものを見せてほしいと伝える文をつくる。small「小さい」の比較級は smaller。「もっと小さいもの」は a smaller one と表す。

6 メアリーと由香は，バスは到着まで長く掛かるうえ，長時間座っていたくないと話しているので，エではない。由香は2番目の発言で飛行機が好きであるということと，鹿児島まで最短で行けるということを話しているので，由香の選んだものはイであるとわかる。メアリーは3番目の発言で「飛行機でそこへ行くよりも安いです。」と話していることから，メアリーが選んだものよりも安い金額だと判断する。したがって，ウが正解。

全訳
メアリー：鹿児島に行くのはとてもわくわくします。そこへ行くのにいくつかのプランを見つけました。由香，これを見てください。

由香　：そうですね。これはとても安いですね。でもバスに乗れば，そこへ着くのにとても時間がかかります。

メアリー：その通りですね。10時間以上もバスで座っていたくないです！

由香　：私は飛行機で旅行するのが好きです。ああ，飛行機でそこへ行く2つの方法がありますね。ええと，私にとってはこのプランがいちばんよいです。なぜならもっとも短い時間で鹿児島に行くからです。メアリー，あなたはどう思いますか。

メアリー：よさそうですが，私はこれが最もよいと思います。飛行機でそこへ行くよりも安いです。

── ⊖⊖入試につながる ──

◆「何と何を比べているか」が比較のポイント―比較級・最上級のあとに続く語句に着目！
◆〈as ＋原級＋ as ～〉は2つのものが同じ程度であることを表す！
◆同じ内容を原級や比較級，最上級で表せることがある！

ステップ1

❶ (1) had　(2) could　(3) had　(4) were　(5) would

❷ (1) wish, had　(2) lived, would　(3) wish, were　(4) were

(5) wish, knew　(6) weren't, could

❸ (1) I wish you told me (your birthday.)

(2) If it were snowy today (, I would go skiing.)

(3) (If I had more time,) I could sleep more (.)

❶速読チャレンジ　私の兄は高校生です。／彼は毎日早く起きます／そしてバスで学校に行きます。／私たちの町から出るバスは／2時間おきにしか運行しません，／ですから彼は遅れてはいけません。／昨日，／彼は寝坊しました／そしてもう少しでバスを逃すところでした！／家を出るとき，／彼は言いました／「ああ，車を運転できればなあ。」と。

解説

❶(1)「姉［妹］がいればなあ。」現実と異なることへの願望を表す仮定法〈I wish 〜.〉の文。wish のあとの動詞は**過去形**にするので，had を選ぶ。

(2)「メアリーは『日本にいられればなあ』と言いました。」仮定法〈I wish 〜.〉の文。wish のあとは助動詞も**過去形**にするので，can の過去形 **could** を選ぶ。

(3)「もしコンピュータを持っていれば，毎日使うのに。」現実とは異なることを仮定する仮定法の文。〈If ＋主語＋（助）動詞の過去形 ...，主語＋助動詞の過去形＋動詞の原形〜.〉の形で表すので，If ... に続く動詞は過去形 **had** を選ぶ。

(4)「もし私があなただったら，地図を使うだろうに。」仮定法〈If ...〉の文では，If ... の部分の be 動詞は主語に関わらず多くの場合 **were** を使う。

(5)「もし今日晴れていれば，ケンとサッカーを

するのに。」〈If ＋主語＋ were ...，主語＋助動詞の過去形＋動詞の原形〜.〉の形で表すので，助動詞は will の過去形 **would** を選ぶ。

❷(1)(2)(5) I wish のあとや If ... の部分の動詞はそれぞれ**過去形**にする。

(3)(4)仮定法の文では，be 動詞は主語に関わらず多くの場合 **were** を使う。

(6)仮定法〈If ...〉の否定文。not を使うが，空所の数から were not → weren't にする。

❸(1) told は tell の過去形。〈tell＋人＋もの〉の語順に注意。

(2)仮定法の文では，be 動詞は主語に関わらず多くの場合 **were** を使う。

(3)「もっと寝られるのに」は助動詞 can の過去形 **could** を使って I could sleep more と表す。

ステップ2

1 (1) were　(2) were　(3) were　(4) would　(5) could　(6) knew　(7) could

2 (1) wish, weren't　(2) were, would　(3) didn't, could

(4) wish, were　(5) were, could　(6) would buy　(7) were, would

3 (1) wish, were　(2) it were　(3) If, were

4 (1) I wish I had more time to study (.)

(2) If today were Sunday, what would you do (?)

5 (1)(例) I wish I could speak three languages.

(2)(例) If I were you, I would see a doctor.

6 (1) ア　(2) ウ　(3) Yes, she does.

解説

1 (1)文の後半が〈主語＋助動詞の過去形＋動詞の原形〜〉なので仮定法の文。If … の部分の動詞は**過去形**にするので，were を選ぶ。

(2)(3)願望を表す仮定法の文。I wish のあとの部分の動詞は過去形にするので be 動詞の過去形 **were** を選ぶ。be 動詞は主語に関わらず多くの場合 **were** を使う。

(4)仮定法の文の後半が疑問文になっているが，助動詞を**過去形**にすることは変わらない。

(5)仮定法は相手に断るときの表現としてもよく使われる。I wish I could. は「（できないが）できればなあ。」という願望を表し，断るときにもやわらかな印象を与えるので，会話表現として覚えておくとよい。

(6)If … の部分の動詞なので，know の過去形 **knew** を選ぶ。

(7)I wish のあとの部分の（助）動詞は過去形にするので could を選ぶ。

2 (1)I wish I were 〜「私が〜だったらなあ」の否定文。be 動詞を weren't にする。

(2)be 動詞，助動詞はそれぞれ過去形にする。be 動詞は主語に関わらず多くの場合 **were** を使う。

(3)仮定法〈If … 〉の文の否定文。don't の過去形 **didn't** を入れることに注意。

(4)「〜があればなあ」は **I wish there were 〜.** で表す。

(5)「もっと速く走れるだろうに」は can の過去形 **could** を使って I could run faster と表す。

(6)「買ってくれればなあ」は助動詞 will の過去形 **would** を使って表す。

(7)文の後半が疑問文になっていることに注意。what would happen には「（ありえないかもしれないが）一体どんなことが起きるか」というニュアンスが込められている。

3 仮定法で be 動詞を使う場合，主語に関わらず多くの場合 were を使う。

(1)A「私の姉[妹]が日本にいればなあ。彼女は今イギリスにいます。」B「そうですね。彼女はいつも私たちを助けてくれますからね。」仮定法〈I wish 〜.〉の文にする。

(2)A「今日は釣りに行く予定ですか。」B「いいえ。こちらは雨が降っています。今日が晴れだったらなあ！」仮定法〈I wish 〜.〉の文にする。

(3)A「私は今東京にいます。どこか行くのによい場所を知っていますか。」B「私があなたなら，原宿に行きます。」If I were you は提案などをするときによく使われる表現。

4 (1)「勉強する時間がもっと」は不定詞を使って more time to study と表す。**have** が不要。

(2)「（もし…なら）何をしますか」は仮定法を使って〈what would you 〜?〉の形でたずねる。**is** が不要。

5 (1)「…ができればなあ。」は，〈I wish 〜.〉。wish のあとの部分では（助）動詞の過去形を使うので助動詞 can の過去形 **could** を使う。

(2)「私があなたなら」は仮定法を使い if I were you とする。「医者に診てもらう」は see a doctor で表す。

6 (1)直後で京子が作った和紙について話していることから，That's right.「そのとおりです。」を入れると流れが自然になる。

(2)空所に続く語句から，仮定法の文と考える。If I were you「もし私があなたなら」は会話中でもよく使われるので，会話表現としても覚えておくとよい。

(3)「ジュディは日本の伝統的なものが大好きですか。」京子の3番目の発言参照。

全訳

ジュディ：そのきれいなはがきはどこで買ったのですか。

京子　：私はそれを歴史博物館で作りました。

ジュディ：自分で和紙を作ったということですか。

京子　：そのとおりです。私は小さい大きさの和紙を作って，それをはがきとして使ったのです。

ジュディ：すばらしいですね！でも和紙を作ることは簡単ではありません。私があなたなら，店ではがきを買うでしょう。

京子　：ええと。あなたが日本の伝統的なものが大好きだから，和紙を使ってあなたに特別なものを作りたかったのです。どうやってすばらしい年賀状を作ることができるかを考えるのは楽しかったです。

╭─ ⊖⊖入試につながる ─────────────

◆仮定法は現実とは異なることを仮定したり，望んだりする表現！

◆I wish のあとや〈If …〉の部分にくる（助）動詞は過去形にすることに注意！

特別回 英作文にチャレンジ

ステップ1

❶ （例）My favorite season is fall. I can enjoy good food in fall. It is also a good season for sports.

❷ （例）Science is the most interesting for me. I am interested in nature, so I want to study more about it in science class.(23語)

解説

❶（解答例の訳）「私がいちばん好きな季節は秋です。秋にはおいしい食べ物を楽しむことができます。スポーツをするのにもよい季節です。」

❷解答例は，「理科は私にとっていちばんおもしろいです。私は自然に興味があるので，それについて理科の授業でもっと勉強したいです。」という意味。まず最初に自分にとっていちばんおもしろい教科名を書き，その理由などを続ける。解答例では 〜 is the most interesting for me.「〜は私にとっていちばんおもしろい」という形で教科を紹介しているが，I like 〜 the best.「私は〜がいちばん好きだ」という形で

表してもよい。理由については because を使って Science is the most interesting for me because I am interested in nature.「私は自然に興味があるので，私にとって理科がいちばんおもしろいです。」と1文で表してもよい。解答例では理由を述べてから自然についてもっと勉強したいという希望を加えている。ほかに，I can learn a lot about nature in science class.「理科の授業で自然についてたくさんのことを学ぶことができる」のように，その授業の利点を述べてもよい。

ステップ2

1 （例）I will take care of young children because I like children. I want to make them happy. I will be happy if I can have a good time with them.

2 （例）I will work for my town to make it better. There are not any museums in my town. I want to work to make a nice museum in my town.(30語)

解説

1（解答例の訳）「私は子供が好きなので幼い子供の世話をするつもりです。私は彼らを喜ばせたいと思います。彼らと楽しく過ごせたらうれしいです。」

2解答例は，「私は自分の町をもっとよくするために私の町のために働くつもりです。私の町には美術館がありません。私はすてきな美術館を作るために働きたいです。」という意味。最初に自分の将来の目標をはっきりさせて，その理由や目的などを続けるとよい。goal「目標」という語を使って My goal is to make a nice museum

in my town.「私の目標は自分の町にすてきな美術館を作ることです。」のように表すこともできる。解答例では「町をよくするために働く」という自分の目標を述べたあとで，町の現状(美術館がない)を述べて「すてきな美術館を作りたい」と，さらに具体的に目標を述べている。ほかに，If we have a nice museum, many people in my town will be happy.「すてきな美術館があれば町の多くの人々が喜ぶだろう。」のように，将来の展望を述べることもできる。

入試につながる

◆英作文では〈S + V〉（主語＋動詞）がある，文として正しい形で書くことを心がけよう！

◆問題で与えられている条件に合うように，文章の組み立てを考えよう！

◆無理に難しい語句や構文を使わずに，正しく使えそうな表現を工夫しよう！

1 (1) to practice (2) finished (3) listening
2 (1) 3番目 カ 5番目 オ (2) 3番目 カ 5番目 ア
(3) 3番目 ウ 5番目 エ (4) 3番目 ア 5番目 イ
3 (1) ① イ ② ア
(2) それぞれの季節の多くの種類の花を見ることができるから。 (3) ウ
4 (1) A (2) ウ
(3) (We) have been practicing the (guitar together every day after school.)
(4) (例) (Because he heard that she could) play the guitar (.) (5) イ
5 (1) (例) I have never heard about it.
(2) (例) It is a traditional festival for girls in Japan.

解説

1 〈キーワード〉

ℓ. 1 speech contest (スピーチ・コンテスト)

ℓ. 2 relaxed (気が楽だ)

ℓ. 2 during (〜の間)

(1) need は不定詞を目的語にとる。「コンテストの前に，私はとても一生懸命に〜する必要があった」という文意に合うのは practice「練習する」。

(2) when の直後にある I に対する動詞を入れる。making を動名詞と考え，「スピーチをすることを」を目的語にする動詞として適切なのは finish「終える」。文全体が felt と過去の文なので合わせて過去形 finished にする。

(3) 直前に前置詞 (By) があるので，あとに続く動詞は動名詞にする。直後に to がくることから listening を入れて「〜を聞くことによって」という意味にすると文意が成り立つ。

全訳 私たちのクラスでスピーチ・コンテストがありました。コンテストの前に，私はそのためにとても一生懸命に練習する必要がありました。コンテストの間にようやく自分のスピーチをし終えたとき，私は気が楽になりました。私のクラスメートのスピーチを聞くことによって，私は次回のためにもっと上手なスピーチをする方法を学びました。

2

(1) B が I like *sushi* the best「すしがいちばん好きです」と答えているので，what food で始めて「どんな食べ物がいちばん好きですか」what food **do** you **like** the best? という最上級を用いた疑問文にする。

全訳 A: サヤカ，あなたはどんな食べ物がいちばん好きですか。
B: 私はすしがいちばん好きです。

(2) looked と happy があることから，〈look ＋形容詞〉「〜のように見える」を使う。happy のあとに to see を続ければ「〜してうれしい」と，感情の原因・理由を表す表現になる。looked happy **to** see **the** animals there で「そこで動物を見てうれしそうでした」という意味になる。

全訳 A: 週末はどうでしたか。
B: 私は家族と動物園に行きました。私の姉[妹]はそこで動物を見てうれしそうでした。

(3) like を「〜のような」の意味として使い，a watch like this とすると「このような腕時計」という意味のまとまりができる。I've wanted のあとに不定詞を続け，I've wanted to have **a** watch **like** this とすると「私はこのような腕時計を持ちたいと思っていたの」という文になり，会話が成り立つ。

全訳 A: お誕生日おめでとう，アヤコ！ これはあなたへのプレゼントよ。
B: どうもありがとう，お母さん。私はこのような腕時計を持ちたいと思っていたの。

(4) B の応答から，「〜の名前を知っていますか」という英文を考える。singing under the tree を「木の下で歌っている」という意味と考え，singing が後ろから girl を修飾する形にする。name を know の目的語にして Do you know the name of **the** tall **girl** singing under the tree? とすると，「木の下で歌っている背の高い

女の子の名前を知っていますか」という意味になり，次のBの発言内容に合う。

全訳 A: あなたは木の下で歌っている背の高い女の子の名前を知っていますか。

B: はい。彼女の名前はマイコです。

3 〈読解ポイント〉

ℓ. 2 I'd like to ～.（私は～したい。）

ℓ. 8 have a good time（楽しく過ごす）

ℓ. 8～9 〈It is ～ for ＋人＋to ＋動詞の原形〉
（（人）にとって…することは～だ）

ℓ. 11 Could you ～?（～していただけますか。）

ℓ. 20 them は同じ文の Volunteers（ボランティアの人たち）を指す。

ℓ. 21 that は，ホワイト先生が川沿いの通りで多くの種類の花を見ることができるから町を走るのが楽しいと思っていることを指す。

ℓ. 25 look forward to ～ ing（～することを楽しみにする）

(1)①空所の直前に so「だから」があるので，文の前半 I'd like to write about you for our school newspaper「私は学校新聞にあなたについて書きたい」が，空所に入る文の理由になる。アユミが次の発言でホワイト先生にいつ日本に来たかと質問していることから，イ「いくつか質問をしてもいいですか」が適切。ア「私はあなたの質問にどのように答えることができますか」，ウ「私があなたの質問に答えましょうか」，エ「私はあなたにどんな質問をするべきでしょうか」

②空所の直前でホワイト先生が「それ（＝ホワイト先生について書いた学校新聞）を読むことを楽しみにしています。」と期待する気持ちを述べている。これに対する応答として適切なのはア「あなたがそれを気に入ってくれるとよいと思います。」イ「それを聞いて残念です。」，ウ「私はそれを見る必要がありません。」，エ「私はあなたがそれを理解したことを知っています。」

(2)ホワイト先生は，5番目の発言で，running in this town is a lot of fun for me「この町の中を走ることは私にとってとても楽しい」と述べている。この直後に because が続くので，because 以下が，ホワイト先生がみなみ町を走

ることを楽しんでいる理由になる。

(3)ア「アユミはホワイト先生に，学校新聞のために彼の趣味について英語で書くよう頼みました。」アユミは最初の発言で，学校新聞にホワイト先生について書きたいと述べている。記事を書くのはホワイト先生ではなく，アユミである。イ「ホワイト先生は自分の国で大学生だったとき，走ることに興味がありませんでした。」ホワイト先生は4番目の発言で，大学生のときに走り始めたと述べているので合わない。ウ「アユミの母は川沿いの通りに花を育てているボランティアの1人です」アユミの7番目の発言の内容に合う。エ「アユミが川沿いの通りで花の手入れをしていたとき，彼女はホワイト先生に会いました。」川沿いの通りで花の手入れをしているのはアユミの母親。

全訳 アユミ：こんにちは，ホワイト先生。私の名前はアユミで，新聞部に入っています。私は学校新聞にあなたについて書きたいので，いくつか質問をしてもいいですか。ホワイト先生：もちろんですよ，アユミ。アユミ：あなたはいつ日本に来たのですか。ホワイト先生：私は2年くらい前に日本に来て，そのときからみなみ町に住んでいます。アユミ：わかりました。あなたはこの町で暮らすことが楽しいですか。ホワイト先生：はい。私には多くの日本人の友達がいて，彼らと楽しく過ごしています。学校で日本の生徒たちに英語を教えることも，私にとってすばらしい経験です。アユミ：それはいいですね。私はあなたの英語の授業が好きです。私は少しずつ自分の英語が上達してきたと思っています。それでは，話題を変えましょう。あなたの趣味についてお話していただけますか。ホワイト先生：ええと，私の趣味は走ることです。私はオーストラリアで大学生だったときに走り始めました。今は，毎朝朝食の前に走っています。アユミ：うわあ，毎朝ですか。毎朝走るのは私には難しいですね。ホワイト先生：実は，それぞれの季節の多くの種類の花を見ることができるので，この町の中を走ることは私にとってはとても楽しいのです。アユミ：それらは川沿いの通りにある花ですか。ホワイト先生：はい，そうです。アユミ：この町に住んでいるボランティアたちが花を育てていて，私の母がそのうちの1人なんです。だから彼女はそのことを聞いてとてもうれしいと思うでしょう。ホワイト先生：そうだといいですね。アユミ：お時間をいただき，ありがとうございました，ホワイト先生。次の学校新聞で，あなたがなぜみなみ町で走るのを楽しんでいるかを生徒たちに伝えたいと思います。ホワイト先生：それを読むのを楽しみにしていますよ。アユミ：気に入ってもらえるといいです。

4 〈読解ポイント〉

ℓ. 2 chance to ～（～する機会）

ℓ. 7 I see.（わかりました。）

ℓ.9 that はダイスケの母親がギターを弾くことができることを指す。

ℓ.11 〈get＋形容詞〉（～になる） better は good（上手だ）の比較級。

ℓ.12 do one's best（全力を尽くす）

(1)補う文は，「でも，それを上手に弾くことは私にとってとても難しかったです。」という意味。本文中で話題になっている楽器はギターなので，it は「ギター」を指すと考えて適する場所を探す。空所 A の直後で，音楽の先生がギターを弾くための助言をくれたことが述べられているので，A に補うと話の展開が自然になる。

(2)下線部の直前で，ダイスケの母親が「私のギターを弾いてみたい？」と言っていることから，ダイスケの母親は実際にギターを持っていることがわかる。ウを入れると，「私は若いときに弾いたギターをまだ持っています」という意味になり，直前の文とのつながりが自然になる。

(3) been，have，practicing があることから，現在完了進行形〈have[has] been＋動詞の～ ing〉の形にする。過去のある時点から現在まで続いている動作を表すときに用いる。

(4)質問は，「ダイスケは母親と話していたときになぜ驚いたのですか。」本文8～9行目に I was surprised to hear that「私はそれを聞いて驚きました」とある。この直前に so「だから」があるので，その前の部分 I didn't know that my mother could play the guitar「私は母がギターを弾けることを知りませんでした」が驚いた理由になる。与えられている解答に合うように，空所に play the guitar と入れると，「彼は母親がギターを弾けると聞いたので」という意味になって本文の内容と合う。

(5)ア「ダイスケは音楽が好きではなかったので，どんな楽器も演奏できませんでした。」本文1行目に「音楽が大好きです」とあるので，合わない。イ「ダイスケは母親が彼女の部屋から持ってきたギターを練習するために使いました。」本文9行目に着目する。ダイスケの母親が自分のギターを持ってきてダイスケに渡し，本文10～11行目でダイスケが母の助けとキシ先生の助言のおかげでギターがうまくなっていったことが述べられているので，ダイスケは母親のギター

を使って練習したことがわかる。ウ「ダイスケが学校のギターを自分の家に持っていったので，アキはギターを上手に弾くことができませんでした。」本文3～4行目から，アキがギターを上手に弾くことができることがわかる。また，ダイスケが学校のギターを家に持ち帰ったことは述べられていない。

全訳 私は中学生で，音楽が大好きです。しかし，私は最近まで楽器を上手に演奏することができませんでした。ある日，私は学校の音楽の授業でギターを弾いてみる機会がありました。私の友達の1人，アキと私がペアをつくり，1つのギターで練習しました。アキは小学生だったときにギターを習ったので，上手にギターを弾きました。でも，それを上手に弾くことは私にとってとても難しかったです。それから，私たちの音楽の先生であるキシ先生がギターを弾くための助言をくれました。

家に帰ったあと，私は母に，「ぼくはギターを練習したけれど，まだそれを上手に弾くことができなかったよ」と言いました。「まあ，わかったわ。私のギターを弾いてみたい？ 私が若かったときに弾いていたギターをまだ持っているのよ」と母が言いました。私は母がギターを弾けることを知らなかったので，それを聞いて驚きました。彼女はほほえんで自分の部屋からそのギターを持ってきて，それを私にくれました。「これを弾いてもいいの？」と私はたずねました。「もちろんよ！」と母は言いました。母の助けとキシ先生の助言のおかげで，私は上手になっていきました。

次の音楽の授業で，私はギターを弾くために全力を尽くしましたが，いくつか間違えました。キシ先生とほかの生徒たちは，私がこの前からとても上達していたので驚きました。今，私には新しい目標があります。私は学園祭でアキといっしょにギターを弾くつもりです。私たちは毎日放課後，いっしょにギターを練習し続けています。

〈読解ポイント　接続詞に注意して物語の展開をつかむ〉

I am a junior high school student and I love music. But I couldn't play instruments well until
音楽が大好き ←対照的な内容→ 最近まで楽器が上手に弾けなかった

recently. One day, I had a chance to try a guitar in music class at school. One of my friends, Aki,

and I made a pair and we practiced with one guitar. Aki played the guitar well because she
アキは上手にギターを弾いた 結果← →理由

learned the guitar when she was an elementary school student. But it was very difficult for me
小学生のときにギターを習った アキはギターが上手 ←対照的な内容→ 私がギターを弾くのはとても難しい

to play it well. Then, our music teacher, Mr. Kishi, gave me some advice for playing the guitar.

After coming back home, I said to my mother, "I practiced the guitar but I couldn't play it well
ギターを練習した ←対照的な内容→ まだ上手に弾けない

yet." "Oh, I see. Do you want to try my guitar? I still have the guitar I played when I was
私が弾いたギター いつ 若かった

young," my mother said. I didn't know that my mother could play the guitar, so I was surprised
とき 母がギターを弾けることを知らなかった 理由← →結果 それを聞いて

to hear that. She smiled and brought the guitar from her room and gave it to me. "Can I play
驚いた

this?" I asked. "Of course!" said my mother. Thanks to my mother's help and Mr. Kishi's advice, I

started to get better.

At the next music class, I did my best to play the guitar, but I made some mistakes. Mr. Kishi
ギターを弾くために全力を尽くした ←対照的な内容→ いくつか間違えた

and the other students were surprised because I improved a lot since last time. Now, I have a
キシ先生と他の生徒は驚いた 結果← →理由 私がこの前からとても上達した

new goal. I am going to play the guitar with Aki at the school festival. We have been practicing

the guitar together every day after school.

5
(1)「初耳」とは，「今までに聞いたことがない」ということなので，経験を表す現在完了を用いて，I have never heard about it.「私はそれについて聞いたことがありません。」などと表す。itの代わりにthatを用いてもよい。
全訳　ユリ：こんにちは，ジョン！　新しい生徒が東京から私たちの学校に来るのよ！
ジョン：おや，本当？　ぼくはそれについて聞いたことがないよ。
(2)ジョンの「ひな祭りとは何ですか。」という問いへの答えなので，「ひな祭り」を説明する英文を作る。「日本の祭り」，「女子のためのもの」といったことを書けばよいので，It is a traditional festival for girls in Japan.「それは女子のための日本の伝統的な祭りです。」，It is a Japanese festival for girls.「それは女子のための日本の祭りです。」などと表すことができる。
全訳　ジョン：きみのお母さんが，もうすぐ「ひな祭り」が来ると言っていたよ。「ひな祭り」って何？
ユリ：それは女子のための日本の伝統的な祭りよ。
ジョン：わかった。教えてくれてありがとう。

1 語形を変化させて空所に適する語句を入れる問題では，主語の人称と時制に特に注意する。不定詞と動名詞の使い分けもよく出題される。また，動詞の変化は確実に覚えておこう。

2 対話文中の並べかえ問題では，〈主語＋動詞〉を中心に組み立てる文の構造を見抜くことが重要。また，対話の流れをつかんで，組み立てる文の意味を推測することもポイントになる。

3 会話文問題では，依頼や勧誘の表現，許可を求める表現など，基本的な会話表現の知識が必要。(1)のように文の流れを完成させる問題では，空所の前後のつながりをつかむことがポイント。特に直前直後にある接続詞に注意して前後関係を読み取ろう。

4 (1)のように適する場所に文を補う問題では，補う文の内容を理解することはもちろんだが，文章全体の流れを正しくつかめているかが重要。代名詞や時・場所を表す語句に注意しながら物語の流れを正しくつかもう。(4)のような問題では，質問の英文に関する内容が本文のどこに書かれているかをおさえることが重要。(4)の場合は，ダイスケが母親と話しているときにダイスケが驚いた場面を探す。

5 (1)は与えられている日本語を，英語で表しやすくするために，まず日本語で同じ内容になるように言いかえることを考えよう。(2)は「ひな祭り」について最低限必要な説明を考え，複雑な構文は避けてなるべく簡潔な表現を使って表そう。

---

1 (1)ウ　(2)ア　(3)イ

2 (1)イ→ウ→ア　(2)ウ→イ→ア

3 (1)エ　(2)イ

4 (1)kind　(2)(B) chose　(C) living　(3)ア
　(4)a lot of sick children　(5)エ，オ　(6)ウ

5 (1)(例)I have been interested in　(2)(例)read books for children in the library
　(3)(例)符号：A
　　(例)あなたの考え：Many people visit the park. If the park is clean, they can have a good
　　　　　　　time there.(17 語)

解説

1 〈キーワード〉

(2)ℓ.1　to eat breakfast が more time を修飾している。「朝食を食べるためのもっと多くの時間」

ℓ.2　〈命令文, and 〜.〉(…しなさい，そうすれば〜。)

(3)ℓ.2　how to 〜(どのようにして〜すればよいか，〜のし方)

ℓ.3　feel free to 〜(遠慮なく〜する)

ℓ.4　〈let +（人など)＋動詞の原形〉((人など)に〜させる)

(1)空所を含む文の直後で，「彼女から借りました」と言っているので，バッグは B 以外のある女性のものとわかる。ア「私のもの」，イ「あなたのもの」，エ「私のバッグ」。

全訳　A: うわあ！　あなたのバッグは本当にきれいだね。
　　　B: ありがとう。これは姉[妹]のものです。今日，彼女から借りたんです。

(2)「早く起きればもっと時間がある」という内容にすると会話が成り立つ。〈命令文, and 〜〉「…しなさい，そうすれば〜」。イ「そうしないと」，ウ「しかし」，エ「〜ということ」。

全訳　A: ああ，遅刻する！　朝食を食べる時間がもっと必要だよ。
　　　B: もっと早く起きなさい，そうすればもっと時間がありますよ。

(3)質問がある場合にすることを考える。イ「遠慮なく私にたずねてください」を入れると文意が成り立つ。feel free to 〜「遠慮なく〜する」。ア「あなたは私と一緒にギターを弾くでしょう」，

ウ「私はあなたと仲良くするでしょう」，エ「あなたに例を挙げさせてください」。

全訳　A: こんにちは，私の名前はユミです。何か質問があったら遠慮なく私にたずねてください。
　　　B: ありがとう。ぼくはジョンです。ええと，コンピュータ室への行き方を教えてもらえますか。

2 〈読解ポイント〉

(2)ℓ.2　try 〜 on(〜を試着する)

ℓ.3　ones は tennis shoes を指す。

ℓ.4　look for 〜(〜を探す)

(1)最初に誕生日をたずねているので，日付を答えているイを続ける。その日付がクリスマスのちょうど1か月前だと言うウのあとに，それを認めているアを続ける。

全訳　あなたの誕生日はいつですか，ケン？
　　　11月25日です。
　　　うわあ，クリスマスのちょうど1か月前ですね！
　　　はい。その通りです。

(2)選択肢の英文から店での会話と判断する。Can I help you? は「お手伝いしましょうか。」という店員のあいさつ。白いテニスシューズを探しているというウに続き，店にある白いシューズについて答えているイがくる。

全訳　こんにちは。お手伝いしましょうか。
　　　はい，お願いします。白いテニスシューズを探しています。
　　　ええと，白いものは3種類ございます。
　　　いいですね。はいてみてもいいですか。

3 〈読解ポイント〉

カレンダー右ℓ.2　can be burned(燃やされることができる→燃やせる) 助動詞の受身形は〈助動詞＋ be ＋過去分詞〉の形をとる。

ℓ.4 cannot be burned(燃やされることができない→燃やせない) 助動詞の否定の受け身形は〈助動詞 + not + be + 過去分詞〉の形をとる。

ℓ.11 at any time(いつでも)

⑵ℓ.3 once a month(月に1度) このaは「〜につき」という意味。

⑴質問は,「どのマークが燃やせないごみを示していますか。」という意味。燃やせないごみについての説明はカレンダーの右の Trash「ごみ」の2つ目にある。The second and fourth Thursday「第2,4木曜日」なので工が適する。

⑵質問は,「カレンダーについて正しいものはどれですか。」という意味。アは「3月は,燃やせるごみは8回収集される。」という意味。カレンダーの右の1つ目から,燃やせるごみは毎週火曜日と金曜日に収集される。左のカレンダーから,3月中の火曜日と金曜日は9日あるので合わない。イは「古新聞と古着は月に1度収集される。」という意味。カレンダーの右の3つ目から,古新聞と古着の収集は第1水曜日のみで,月に1度であることがわかる。ウは「私たちは毎週月曜日にペットボトルをリサイクル・ステーションに持ち込むべきだ。」という意味。カレンダーの右のいちばん下から,缶,びん,ペットボトルは毎週月曜日の収集のほか,リサイクル・ステーションにはいつでも持ち込めることがわかるので合わない。工は「ゴミは午前8時30分までは出すべきではない。」という意味。カレンダーのいちばん下にある注意書きと反対の内容なので合わない。

カレンダー右の全訳 燃やせるごみ：毎週火曜日と金曜日

燃やせないごみ：第2,4木曜日

古新聞と古着：第1水曜日

缶,びん,ペットボトル：毎週月曜日または,リサイクル・ステーションにはいつでも持ち込めます。

※あなたは収集日に午前8時30分までにゴミを出すべきです。

4 〈読解ポイント〉

ℓ.1 in the future(将来に)

ℓ.6 no one(だれも〜ない) = nobody

ℓ.14 them は女性の,奴隷にされた両親を指す。

ℓ.14 to hear(聞いて) 感情の原因・理由を表

す副詞用法の不定詞で「〜して」の意味を表す。

ℓ.15 After that の that は女性の両親が逃げて自由の身になったことを指す。

ℓ.23 〈want +（人）+ to + 動詞の原形〉((人)に〜してほしい) get married(結婚する)

ℓ.25 make A B(A を B にする)

ℓ.26 〈tell +（人）+ to + 動詞の原形〉((人)に〜するように言う)

ℓ.26 their は女性が一緒に勉強しようと声をかけた友人たちを指す。

ℓ.35 each other(お互い)

⑴和也は下線部の直後で,「今日,私は3人の人々についてお話します。」と述べて,このあと自分のおじ,およそ150年前にアメリカで生まれた女性,インドの少女という3人の異なる人物について説明している。それぞれ異なる人物であることから,下線部の空所に kind「種類」を入れると「みなさんはどのような種類の人物になりたいですか。」という意味になり,文章の展開に合う。kind という語は,本文30〜31行目の I want to be kind to 〜「私は〜に親切にしたいです」で「親切な」という意味で用いられている。

⑵空所(B)を含む段落では,小児科医として働く和也のおじについて説明されている。空所の直後の his job は「小児科医の仕事」で,本文3〜4行目で「彼はなぜ小児科医になる決心をしたのでしょうか。」と問いかけて,おじが小児科医になるまでのいきさつを説明していることから,空所には choose「選ぶ」の過去形 chose を入れると文脈に合う。

空所(C)以下の部分がa girl を後ろから修飾する形を考え,live の ing 形 living を入れると「インドのジャールカンド州に住んでいる少女」となり,文意が成り立つ。

⑶空所(D)の前に「私には夢があります」とあり,そのあとの和也の言葉に「彼女は今,とても一生懸命に勉強していると思います。」と,インドのジャールカンド州に住んでいる少女が夢の実現のために努力していることを述べている。ア「だれもそれを止めることはできません。」を入れると,少女の強い決意を表す文となり,この流れに合う。イ「だれでもそれを変えることが

できます。」，ウ「私はそれに従うことができません。」，エ「私の父はそれを理解できません」はいずれもこの段落の説明の流れに合わない。

(4)下線部(E)を含む文の直前で，和也は「多くの病気の子供たちが彼らを支える人を必要としていると思います。」と述べている。これに続いて「彼らに治療を与えることができればいいと思います。」と述べているので，「治療を与える」対象として適切なのは a lot of sick children「多くの病気の子供たち」。

(5)ア「和也のおじは英語の教師として子供たちの問題に取り組んでいます。」本文3行目から，和也のおじは小児科医であることがわかる。イ「和也のおじは自分の病院をもっと大きくするためにとても一生懸命に働いています。」本文3〜10行目で和也のおじについて説明しているが，自分の病院を大きくしようとしていることは述べられていない。ウ「アメリカの女性は10歳のときにコロラド州に行きました。」本文11〜12行目から，10歳のときにコロラド州に行ったのは和也であることがわかる。エ「アメリカの女性は50年間コロラド州で医者として働きました。」本文19〜20行目の内容に合う。オ「インドの少女は早く起きて医者になるために一生懸命に勉強します。」本文22行目および27〜28行目の内容に合う。カ「インドの少女は，彼女の父親が優秀な学生だったので彼を自慢に思っています。」本文28行目に引用されている少女の父親の言葉を参照。少女が父親を自慢に思っているのではなく，父親が自分の娘を自慢に思っていることがわかる。キ「和也は英語を教えることを通じて世界がもっとよくなればよいと思っています。」本文33〜34行目に和也の英語の勉強について述べられているが，人に英語を教えることによって世界をもっとよくするとは述べられていない。本文34〜35行目で，人々が互いに助け合うことで世界はもっとよい場所になるだろうと述べている。

(6)和也は，医者になる夢を実現させた人物や実現しようと努力している人物について説明したあと，本文30〜31行目で自分も医者になって海外で働きたいと述べている。共通するテーマは自分の夢なので，題名としてはウ「私の将来の夢」が適切。アは「私が大好きなおじ」，イは「私が大好きな国」，エは「私の将来の家族」という意味。

全訳 あなたがたは将来何をしたいですか。あなたがたはどのような種類の人物になりたいですか。今日，私は3人の人々についてお話します。

最初の人物は私のおじです。彼は小児科医として病院で働いています。彼はなぜ小児科医になる決心をしたのでしょうか。ある日，彼が中学生だったとき，彼はテレビで世界中のとても多くの子供たちが貧しいために病院で治療を受けられないことを学びました。彼は私に，「だれも私が医者になるだろうとは思っていなかったよ。でも私はとても一生懸命に勉強したんだ」と言いました。彼は高校を卒業したあと，自分の仕事を選びました。彼はまた，「私は私の病院にいたすべての子供たちを覚えているよ。私はもっとよい医者になるためにもっと一生懸命に勉強する必要があるし，もっと多くの子供たちを助けたいんだ」と言いました。私は，彼が将来海外で働くと聞いています。私は，彼が世界中で多くの病気の子供たちを助けるだろうと思います。

2番目の人物はおよそ150年前にアメリカで生まれた女性です。私が10歳だったときに，私はアメリカのコロラド州の小学校に通っていました。ある日，私たちの先生がある黒人女性について私たちに話しました。彼女の父親と母親は奴隷にされていました。当時，多くの黒人はアメリカで彼らのように生きなくてはなりませんでした。私はそれを聞いてとても驚きました。彼女の父親と母親は逃げて自由になりました。その後，彼女が生まれました。彼女が幼い子供だったときに，彼女は彼女の母親のようになりたいと思いました。彼女の母親は看護師でした。彼女はしばしば母親と一緒に病気の人たちを訪ねました。彼女は学校でとても優秀な生徒でした。彼女はとても一生懸命に勉強しました。ついに，彼女は医学部を卒業しました。それはおよそ120年前のことでした。数年後，彼女はコロラド州に引っ越しました。彼女はコロラド州で最初の黒人女性の医者になったのです。彼女は50年間，そこで病気の人々を助けました。

3番目の人物はインドのジャールカンド州に住んでいる少女です。私はインターネットで彼女のことを学びました。彼女は13歳です。彼女の夢は医者になることです。でも，彼女の家の近くに住む人たち，特に高齢の人たちの中には，彼女が18回目の誕生日前に結婚することを望む人もいます。ジャールカンド州では，少女のおよそ40パーセントが18歳になる前に結婚します。彼女はインドで子供たちの問題に取り組んでいて，彼女の国をもっとよくする方法を見つけようと努力しています。彼女はしばしば友人たちに一緒に勉強するように言っています。彼女はもっと一生懸命に勉強すれば，彼女たちは自分たちの将来を変えることができると言います。彼女は毎朝3時30分に起きて，自分の夢を実現させるために一生懸命に勉強しています。彼女の父親は，「一生懸命に勉強するのはよいことです。私は彼女を自慢に思っています」と言っています。彼女はそれを聞いて喜びます。彼女は，「私には夢があります。だれもそれを止めることはできません」と言っています。彼女は今，と

ても一生懸命に勉強していると思います。

　将来，私は医者になって海外で働きたいと思っています。この３人の人たちのように，私はほかの人々に親切にして私の夢を実現させるために一生懸命に勉強したいと思います。私は，多くの病気の子供たちが彼らを支える人を必要としていると思います。私は彼らに治療を与

えることができればいいと思います。だから，私は特に英語を毎日とても一生懸命に勉強しています。英語を使えば，世界中のもっと多くの人々と一緒に働くことができます。みんなが支援を必要とする人を助けることができます。私は，人々が互いに助け合えば世界はもっとよい場所になるだろうと信じています。

〈読解ポイント　複雑な文の意味のまとまりを見抜いて細かい内容をつかむ〉

What do you want to do in the future? What kind of person do you want to be? Today, I will talk about three people.

The first person is my uncle. He works at a hospital as a children's doctor. Why did he decide to be a children's doctor? One day, when he was a junior high school student, he learned (on TV)
　　　　　　　　　　　　　　　　　彼が中学生だった とき　　　　　　　　　　　彼は学んだ
that so many children (around the world) could not get medical treatment (at hospitals) because
ということ＝〔　　　〕部分 S　　　　　　　　　　　　V　　　　　　　　　O　　　　　　　結果←　→理由
they were poor〕. He said to me, "No one thought I would become a doctor. But I studied very
(彼らが)貧しい ために
hard." After he graduated from high school, he chose his job. He also said, "I remember all the children who were in my hospital. I need to study harder to be a better doctor, and I will help more children." I hear that he will work abroad in the future. I think that he will help many sick children all over the world.

The second person is a woman who was born in America about 150 years ago. When I was ten years old, I went to an elementary school in Colorado, America. One day, our teacher told us about a black woman. Her father and mother were enslaved. Many black people had to live like them in America at that time. I was very surprised to hear that. Her father and mother escaped
彼らのように　　　　　　その当時
and became free. After that, she was born. When she was a small child, she wanted to be like her mother. Her mother was a nurse. She often visited sick people with her mother. She was a very good student at school. She studied very hard. Finally, she graduated from medical college. That was about 120 years ago. A few years later, she moved to Colorado. She became the first black woman doctor in Colorado. She helped sick people there for fifty years.

The third person is a girl living in Jharkhand, India. I learned about her on the Internet. She is

thirteen years old. Her dream is to be a doctor. But some people who live near her house,
〈want ＋人＋ to ～〉　　　　いく人かの人々　　　彼女の家の近くに住む→
especially old people, want her to get married before her eighteenth birthday. In Jharkhand,
特に高齢の人々　　　「(人)に～してほしい」　　「～の前に」
about 40% of girls get married before the age of eighteen. She works on children's problems in
　　　　　　　　　　　〈make Ａ Ｂ〉「ＡをＢにする」　　　「～に取り組む」
India and tries to find ways to make her country better. She often tells her friends to study with
　　　～しようと努力する　方法　　　彼女の国をよりよくするための
her. She says that they can change their futures if they study harder. She gets up at three thirty
every morning and studies hard to fulfill her dream. Her father says, "Studying hard is good. I
am proud of her." She is glad to hear that. She says, "I have a dream. No one can stop it." I
think that she is now studying very hard.

　In the future, I want to be a doctor and work abroad. Like these three people, I want to be kind
to other people and study hard to fulfill my dream. I think 〔that a lot of sick children need
　　　　　　　　　　　　　　　　　　　　　　　　　　　　　　　ということ=〔　　　〕部分
someone who gives them support〕. I hope that I can give them medical treatment. So I study
だれか　　　　　彼らに支援を与える＝彼らを支える
very hard every day, especially English. I can work with more people around the world if I use
English. Everyone can help someone who needs support. I believe 〔that the world will be a
　　　　　　　　　　　　　　　　　　　　　　　　　　　　私は信じる ということ=〔　　　〕部分
better place if people help each other〕.
　　　　　　　　　　　人々が互いに助け合うならば

5 〈キーワード〉

<原稿> ℓ.1 one of them の them は直前の文の volunteer activities を指す。

ℓ.5 Would you like to ～?(～してはいかがですか。)ここでは勧誘する表現として使われている。

① because 以下に「私は長い間ボランティア活動に興味があった」という内容の英語を続ける。「～に興味がある」は be interested in ～。「長い間ずっと興味があった」という文意から，継続を表す現在完了形にする。

② I will のあとに「図書館で，子どもたちに本を読む」という内容の英語を続ける。「本」は単数形でも複数形でもよい。「(人)に本を読む」は〈read a book for ＋(人)〉で表す。「図書館で」は，館内で本を読むことが想定されるので in を用いて in the library とした方がよいだろう。

③解答例は A を選んだ場合のもので「多くの人が公園を訪れます。公園がきれいなら，彼らは楽しく過ごせます。」という意味。ほかに，I like to walk in the park, so I want to make the park clean.「私はその公園を歩くのが好きなので，その公園をきれいにしたいです。」(15語)のように，個人的な理由を挙げてもよい。B を選ぶ場合は，I like children.「子どもが好きです。」，I want to make children happy.「子どもたちを喜ばせたいです。」，It is important for children to listen to stories.「物語を聞くことは子どもたちにとって大切です。」などの理由が考えられるが，字数の条件から，複数の内容を含めてもよい。

全訳　先週，私はボランティア活動についてのポスターを見ました。私は長い間ボランティア活動に興味があったのでそれらのうちの１つに参加したいと思います。

　そのポスターに，私は２つの違う活動，A，B を見つけました。A を選べば，私は公園のゴミを拾います。B を選べば，私は図書館で，子どもたちに本を読みます。

私は[　　　]に参加したいです。　　　　　　　│　　　みなさんも私と一緒にいかがですか。

1 文法事項を問う問題だが，対話文形式なので，対話の内容と流れを正しくつかむ必要がある。(1)ではBの発言の2文目にあるher が，(2)ではAの「朝食を食べる時間がもっと必要だ」という発言が，(3)では空所の直前の「何か質問があったら」がポイントになる。

2 文を正しく並べかえる問題。ここでは最初の1文が与えられているので，それに続けて自然な対話になるものを選ぶ。1文目でたずねている内容をつかむことが重要だが，話題になっている人やもの，代名詞が指す人やものに特に注意が必要。

3 ポスター，チラシ，表，グラフなどを使う問題では，その中に書かれている日付，時刻，数値などについての情報を正しくつかむことが問われる。それらの情報は簡潔な表現で示されているのが普通だが，よく知っている語句でも読み違えば正解できないので注意する。

4 (1)のように本文中にある語句を空所に補う問題では，いきなりほかの箇所から当てはまりそうな語句を探すのではなく，空所に入りそうな語句をまず考えよう。(4)は本文中から抜き出す問題だが，(1)と同じように，まずは「5語」という条件に捕らわれずに them が指す人やものを考え，それと同じ内容の5語のまとまりを探すのが効率的だ。

5 条件英作文の問題では，与えられている条件を正しく理解することが第一。この問題では，かなり細かく条件が決められているので，まずはじっくりと問題文を読んで正しく理解することが重要。①，②は和文英訳に近い問題。必ずしも参考とする日本語をそのまま英語にすればよいとも限らない場合もあるので，主語や時制など基本的な事柄に注意しよう。「あなたの考え」は10語以上20語以内という制限があるが，20語という語数は決して多い語数ではないので多くのことは書けない。書くべき内容は1つに絞って，語数が足りなければ，別の内容を加えるのではなく，説明や自分の気持ちなどを補足しよう。語数や文の数についての感覚も意識しておくとよい。